チベットの反論

Counterargument from Tibet

チベットの史実を歪曲する中国共産党に挑む

ダライ・ラマ法王日本代表部事務所 代表
アリヤ・ツェワン・ギャルポ◉著
亀田浩史◉訳

序文　1

本書『チベットの反論～チベットの史実を歪曲する中国共産党に挑む』は、ダライ・ラマ法王日本代表部事務所・日本及び東アジア代表のアリヤ・ツェワン・ギャルポ氏によって執筆されました。この素晴らしい論説・著作集は、六十年にわたる中華人民共和国によるチベットの占領と、宗教、文化、言語、環境などあらゆる面でチベットのアイデンティティを侵食する執拗なキャンペーンに光を当てています。また本書は、チベットは古代から中国の一部であったという中共政権の誤った主張への反論の書でもあります。

中国はこれまで、習近平国家主席のもと、様々な手段を用いてチベットの歴史的な真実を歪曲し、国連を含む国際舞台でチベットとチベットの実情に関する誤ったシナリオを提示してきました。その結果、国際社会は、チベットの真の状況と現在進行中の人権危機について十分な情報を得ることができずにいます。

チベット亡命政権情報国際関係省（ＤＩＩＲ）の翻訳出版課は、アリヤ・ツェワン・ギャルポ博士が一九九八年から二〇二〇年にかけて自ら執筆した論説や文章を編集し、一冊の書籍にまとめました。本書の文章は、もともとチベット政策研究所のジャーナルやＤＩＩＲの出版物に掲載されていたものです。

私は、チベット語と英語の両方で出版されたアリヤ博士のこの著書を祝福いたします。本書がその目的に沿って、世界中のチベット人にとって貴重な資料となることを願っています。チベットで抑圧が続いていることを伝え、世界の注目を集めることは、私たちの共通の責任です。チベットの状況が日々悪化していくなかで、私は本書の各ページを通して、すべてのチベット人がそれぞれの責任を再認識することを強く望みます。中道政策に基づく対話によって中国・チベット紛争が解決されるまで、私たちはあらゆる機会を活用してチベットの緊急課題を提唱し、若者たちが強いアイデンティティと共同の目的意識を持って成長できるように保障しなければなりません。

この度、新たな章がいくつか加筆されて日本語版が出版されると知り、私は嬉しく思います。本書を通して、日本の皆さまも、中国の誤ったプロパガンダに気付かれることでしょう。そして、チベットの実情と歴史的事実を知るために本書が必ず役立つことと思います。

二〇二三年六月吉日

チベット亡命政権　情報・国際関係省大臣

ノルジン・ドルマ

序文　2

習近平が中国共産党のトップに登りつめてから、中国政府は様々な方面でチベットに対する強硬姿勢を強めてきました。環球時報、新華社通信、中国中央電視台といったマウスピースを使って、世界中に中国政府のプロパガンダを流布してきました。「チベットは発展を遂げ、ＧＤＰも増加した」と中国政府は主張し、チベット統治を正当化する発言を繰り返しています。「チベットは経済的な恩恵を受け、人権状況も改善し、繁栄を謳歌している」というのが中国政府の主張です。しかし、この一方で、中国政府は外国人のチベットへの立ち入りを規制しています。国連特使、外交官、メディアは、チベットに入ることはできません。

時おり、海外のジャーナリストのチベットへの立ち入りが許可されることがあります。この場合は、中国政府主催のツアーという形になります。訪問場所は中国政府にとって都合のいい場所です。そして、中国政府のお決まりのプロパガンダが海外のジャーナリストに伝えられるのです。

こうした海外メディアを通じて、中国政府は歴史的事実を歪めようとしてきました。そして、「チベットは古より中国の一部であった」と主張してきました。中国共産党は無宗教です。そのような中国共産党が宗教の自由を侵害し、チベット僧院を管理しています。さらに、チベットの高僧の認定プロセスにまで介入しています。次のダライ・ラマ法王を選定するのも中国政府だとまで主張しています。

本書の著者アリヤ・ツェワン・ギャルポ博士は、執筆当時、チベット亡命政権情報・国際関係省の長官、チベットニュース局の編集長を務めておられました。アリヤ氏は、中国メディアの主張に対し、様々なメディアに記事を投稿し、反論してこられました。この度、アリヤ氏の記事が『チベットの反論～チベットの史実を歪曲する中国共産党に挑む』として出版されることを嬉しく思います。本書の内容は、歴史的事実を歪めようとする中国政府の悪しき企みに反論するための情報・事実です。本書中の見解についてはアリヤ氏のものですが、私たちは本書の出版を歓迎します。本書が、影響力を増す中国政府の誤った主張に対抗するための新たなリソースとなることを願っています。

二〇二一年三月十日

チベット亡命政権　前主席大臣

ロブサン・センゲ

チベットの反論

Counterargument from Tibet

チベットの史実を歪曲する中国共産党に挑む

目次

第一部　チベットの反論

第二部　チベットの文化

第三部　チベットと日本の今

第一部　チベットの反論

第一章

チベット、チベット難民の現在と未来

本章の記事は、2020年6月20日の世界難民の日に Bitter Winter (https://bitterwinter.org/tibettibetan-refugees-and-the-way-ahead/) に掲載されたものです 。記事は、その後、https://tibet.net/ tibet-tibetan-refugees-and-the-way-ahead/ でもシェアされました。

北インドに暮らすチベット難民（1960年代、チベット亡命政権情報・国際関係省チベット博物館）

この記事を書いている今日六月二十日は、国連が定めた世界難民の日です。世界難民の日の目的は、世界中の難民のことを胸に刻むこと、そして、難民の権利と尊厳を回復するために私たちがいかに協力していけるかを今一度考えることです。難民のほとんどは、独裁体制・専制体制の犠牲者です。こうした体制を民主的で責任ある政府に変えていくことが、難民問題に関連したあらゆる苦しみに対処するための最良の方法です。チベットも専制的な共産主義体制の犠牲者です。チベット内外に暮らすチベット人は、中国共産党による統治に苦しんできました。その苦しみは七十年も続いています。

今日の世界難民の日に、チベット難民の話を少ししたいと思います。チベット人が国を失い難民となった経緯、チベット人の闘い・希望について知っていただければと思います。

はじめに

チベットは、古くから、平和的な独立国家でした。パミール高原、チベット高原という世界で最も高い高原に位置するチベットは、「世界の屋根」の異名を持っています。また、東南アジアを流れる主要河川の源流がチベットにあることも広く知られています。チベットは、インド・ネパールの北、中国の西、モンゴルの南に位置します。ネパールとチベットの間にはエベレストがあり、エベレストの半分はネパールに、もう半分はチベットに属します。古代インドの聖典リグ・ヴェーダとアタルヴァ・ヴェーダには、チベットは天国、チベット西部に位置するカイラス山は地球のへそと記されています。

一九四九年、中国共産党が政権を掌握し、中華人民共和国が誕生しました。拡大政策を掲げる中国共産党は、一九五〇年、平和的で神聖な私たちの国を攻撃し、侵攻しました。そして、チベットの精神的指導者ダライ・ラマ法王はインドへの亡命を余儀なくされました。この後、ダライ・ラマ法王の後を追うようにして、約八万人が亡命の道を選びました。

歴史

インド、ネパール、チベットは、多くの歴史的、文化的、宗教的価値観を共有してきました。チベットが歴史上最も勢力を拡大したのは、七世紀から九世紀にかけてのことです。この時代には、ソンツェン・ガンポ（五六九～六五〇年）、ティソン・デツェン（七四二～七九八年）、ティ・ラルパチェン（八〇二～八四一年）という王が君臨し、中央アジア、ネパール、インド、中国にまで版図を広げました。そして、時を同じくして、インドからチベットに仏教が伝来しました。ティソン・デツェン王は、シャンタラクシタやパドマサンバヴァという仏教の指導者をチベットに招き、仏教を国教としました。

仏教の伝来以降、好戦的であったチベット人は平和的になっていきました。そして、精神的な豊かさと平和・調和の促進に注力するようになりました。対内的にも対外的にも平和を重んじるようになったチベットの軍事力は縮小し、精神面の追及に重きが置かれるようなりました。この時代に、兵士の数は減少し、僧侶・尼僧の数は急増しました。現代世界では物質的側面の探求や産業の発展に多くの人々が携わっていますが、チベットでは内なる精神の探求と発展に多くの人が携わっていたのです。多くのインド人教師がチベットで仏教の指導を行う一方、チベット人の学者がインドを訪れ仏教を学びました。軍事政策や領土拡大の時代は終わり、チベットは平和的な国になっていきました。そして、近隣国は、チベットに対し、精神的な指導と仏教の啓蒙を求めるようになりました。

僧侶による統治

チベット仏教、僧侶は、中央アジアの平和と安定の維持に重要な役割を果たしました。ヨーロッパからアジアの大半を手中におさめたモンゴル帝国のチンギス・ハンの子孫たちは、チベット仏教サキャ派の僧侶の教えによって、最終的には、平和的になっていきました。僧侶たちは、モンゴル皇帝に対し、殺害や略奪による物理的な勝利よりも無知に対する勝利に道徳的意義があると説きました。モンゴル、チベット、ネパール、中国、満州の好戦的な人々を平和的で友好的にする役割を担ったのがチベット僧だったのです。元、明、清のような王朝はチベット僧の精神的教えから多大な恩恵を受けました。チベット僧の中で最も重要で尊敬を集めたのがダライ・ラマです。ダライ・ラマは、チベット人のみならず、近隣国の人々からも崇拝される存在になりました。

ダライ・ラマ一世ゲンドゥン・ドゥプパが生まれたのは一三九一年のことです。「ダライ」はモンゴル語で「大洋」を意味します。「ラマ」は「師」という意味です。したがって、ダライ・ラマは、大洋のような幅広い知識を持つ師、つまり、「智慧の海」を意味します。チベット仏教では、高僧は崩御した後、生まれ変わると考えられています。生まれ変わる目的は、生きとし生けるものを教育し、導き続けることです。一六四二年、ダライ・ラマ五世ロサン・ギャツォ（一六一七〜一六八二年）は、政治と仏教の両方の指導者となりました。これ以降、中国の侵攻を受けるまで、チベットは歴代ダライ・ラマによって統治されてきました。

――中国共産党の侵攻

一九四九年、中国共産党の毛沢東主席が、中華人民共和国を建国しました。毛沢東は、チベットは中国の一部であると主張し、「平和的解放」という口実の下、チベットを武力侵攻しました。そして、一九五一年、チベット特使を脅迫し、「十七か条協定」に調印させました。武装した中国軍を前に、平和的な仏教国チベットは自国を守ることができませんでした。インドをはじめとする国際社会はチベットに同情を寄せましたが、チベットを守ることはできませんでした。

現在のダライ・ラマは十四世です。ダライ・ラマ法王が指導者となったのは、一九五〇年、十四歳のときでした。ダライ・ラマ法王は内閣と協業して、中国との停戦状態を維持すべく、中国の要求を可能な限り受け入れようとしてきました。しかし、中国の残虐ぶりはエスカレートしていきました。そして、一九五九年三月十日、チベット人は中国政府に対して蜂起したのです。この蜂起は中国当局により残忍に弾圧され、多くの死者がでました。ダライ・ラマ法王は大臣らとともに亡命し、インドを目指しました。その後、ダライ・ラマ法王を追うように八万人が亡命し、ネパール、インド、ブータンに暮らしています。

中国によるチベット統治の間、命を落としたチベット人は百二十万人超、破壊された僧院は約六千にのぼっています。中国政府はチベットで文化的ジェノサイドを行い、完全なる中国化を目論んでいます。弾圧は今なお続いています。チベット人に、言語・文化・宗教の自由はありません。今なお、外交官、国連特使、ジャーナリストはチベットに入ることを許されません。逆に、チベット人がチベット外に出ることも難しくなっています。中国政府は一貫したプロパガンダを発信し続けています。それは、「チベットが発展し、チベット人は幸福を享受している」というものです。しかし、現実は、真反対です。

チベット難民

インド政府は、亡命したダライ・ラマ法王を歓迎し、チベット難民が社会を築く手助けをしてくれました。当時のインド首相パンディト・ネルーは、若いチベット難民が教育を受けられるようチベット中央学校を設立してくれました。そして、ヒマーチャル・プラデーシュ州のダラムサラに、チベット亡命政権（公式名：中央チベット政権）が樹立されました。チベット亡命政権は、チベット人の福祉を担うのみならず、チベット人の自由と正義を取り戻すことを目的にしています。

インド政府をはじめとする国際的な支援の下、現在、インドの十二州に四十のチベット人居住地域があります。十二州とは、ヒマーチャル・プラデーシュ、ウッタラーカンド、デリー、ラダック、シッキム、アルナーチャル・プラデーシュ、西ベンガル、チャッティスガル、オリッサ、マハーラーシュトラ、メーガーラヤ、カルナータカです。これらの州に、現在、九万人のチベット人が暮らしています。チベット人は尽力を重ね、高度に自立したコミュニティを形成してきました。このため、チベット難民社会は、世界で最も成功した難民社会としばしば評されます。

また、インド以外の国に移り住んだ人もいます。その数は約五万で、主な移住先は、アメリカ、カナダ、オーストラリア、スイス、その他のヨーロッパ諸国です。世界には、六十四の認可されたチベット人居住地域があります。ネパールには、約一万人のチベット人が暮らしています。チベット本土に暮らすチベット人は約七百万人ですが、チベット難民の数は世界で十五万人です。ただし、ネパールに関しては問題もあります。ネパール内政への中国政府の干渉が近年増しており、その結果、ネパール在住のチベット人は大きな規制に直面しています。

――チベット人の闘い

ダライ・ラマ法王の指導の下、チベット人は、自由と正義を求めて非暴力の闘いを続けてきました。私たちの闘いは、インドのみならず国際社会から大きな支持を受けてきました。一九八九年、ダライ・ラマ法王は、世界平和と非暴力の啓蒙への貢献が評価され、ノーベル平和賞を受賞されました。ダライ・ラマ法王は、市民の政治参加の必要性を感じ、亡命政権の改革を行い、民主主義を導入されました。二〇一一年には、民主的な選挙で選ばれた主席大臣（首相）に政治的権限を委譲されました。今日、チベット難民社会は、自由と民主主義を謳歌しています。しかし、チベット本土では、中国政府により、自由と民主主義は否定されています。

インドには、四百五十のチベット支援団体と支部があります。代表的なものは、Indo-Tibetan Friendship Society, Bharat Tibet Sahyog March, Himalaya Parivar, Himalaya Culture & Buddhist Association, National Campaign for Free Tibet Support などです。インド外には、

二百十のチベット支援団体と支部があり、チベットを支援する議員連盟がつくられた国もあります。

インド、ネパール、ブータンのチベット難民居住地域には、人々の福祉を担う役人が配置されています。これらの居住地域には、学校、僧院、健康センターなどが整備されています。中国政府によって破壊されたものが、亡命先で復興され、維持されているのです。現場の役人は、必要な物資や問題点をチベット亡命政権内務省に逐次報告しています。このようなシステムにより、チベット難民社会は、強く、効率的で、回復力があると評価されています。

インドでの仏教文化の復興

ダライ・ラマ法王をはじめとする高僧がインドに亡命したことにより、仏教科学、哲学が再びインドに伝えられることになりました。こうして、インドで仏教文化が復興したのです。元々、仏教はインドで生まれ、アジアに広がっていきましたが、インドでは、様々な要因により、仏教は衰退していきました。今日、インドのヒマラヤ地域で、仏教は隆盛を誇っており、インド政府は、ブッダのメッセージが持つ力を認識したことでしょう。また、西洋諸国では、仏教は、一宗教としてのみならず、科学や哲学としても認識されています。

インドやネパールにあるチベット僧院では多くの学生が学んでいます。ヒマラヤ地域出身の学生が多いですが、それ以外の地域の出身者もいます。東南アジアや欧米出身者もいます。インドは、再び、仏教の教義の中心地となったのです。ヴァラナシにある高等チベット学中央研究所では、二百以上のチベット仏教の経典がサンスクリット語に再翻訳されました。ダライ・ラマ法王は、インドの師からかつて学んだものを今インドにお返ししている、と述べています。

「インドは私たちの師です。私たちチベット人は弟子です。私たちは信頼のおける弟子でした。私たちは、古来のナーランダーの教えを守り続けてきました」

中国政府との対話

毛沢東が一九七六年に死去すると、鄧小平が後継者となりました。鄧小平は、チベットが中国からの分離独立を求めなければチベット問題は解決できると発言しました。当時、中国の国策により、多くの漢人がチベットに移住し、チベットの言葉と文化は大きな脅威に晒されていました。過剰な採掘やダム建設も行われ、生態系も大きな被害を受けました。中国の軍事力も増しています。こうした状況に鑑みると、あと十年ほどで、チベット人は自らの故郷でマイノリティになってしまう可能性があります。チベットの言葉、仏教、文化も根絶やしにされてしまうかもしれません。

チベット問題を解決すべく、ダライ・ラマ法王とチベット亡命政権は中道政策を考案しました。中道政策の趣旨は、チベットは中国からの分離独立を求めない代わりに、中国の弾圧政策を断固として拒否し、中国の憲法で規定されているような高度な自治を享受するというものです。二〇〇二年から二〇一〇年にかけて、中国とチベットの特使の対話が九度にわたり行われました。二〇〇八年には、チベット特使が「チベット人の高度な自治に関する覚書」を提出しました。しかし、中国側はチベットの高度な自治を認めませんでした。これは、明らかに中国の憲法に対する違反です。中国の憲法には、少数民族の集居している地域では、区域自治を実施する旨が謳《うた》われています。

インドとチベット

インドとチベットは古くから強い文化的・宗教的な絆を保持してきました。チベット人はインドを聖地と見なしてきました。チベットのカイラス山やマナサロワール湖への巡礼と同様に、インドのブッダガヤへの巡礼も人生における功績の一つと考えてきました。一方、ヒンドゥー教では、チベットはシヴァ神と妻パラヴァティが住む場所です。そのため、ヒンドゥー教徒にとっては、カイラス山とマナサロワール湖への巡礼が人生における功績とされています。チベットはインド人にとっての天国、インドはチベット人にとって高貴な人が暮らす土地なのです。かつて、チベット人とインド人は何の障害もなく国境を行き来していました。

長年平和的であったチベットとインドの国境は、中国のチベット侵攻により、大規模軍事地域となりました。一九六二年、中国はインドを攻撃しました。その後も、ラダック、アルナーチャル・プラデーシュ、シッキムに侵攻を繰り返しています。インドは、友好的な緩衝地帯、シヴァ神が暮らす天国を失ったのです。インドは、現在、中国の攻撃の絶え間ない脅威に晒されています。インドのアタル・ビハリ・バジパイ元首相は次のように述べています。

「国益の面で、長い目で見ると、チベットが根絶やしにされようとしている事実は、インドにとっていいことではありません」

チベットには、東南アジアを流れる主要河川の源流があります。インダス川、サトレジ川、ガンジス川、ブラマプトラ川、サルウィン川、メコン川、長江、黄河の源流がチベットにあります。これらの源流で生態系が悪影響を受ければ、下流域にも大きな影響が及ぶでしょう。中国政府はブラマプトラ川上流にダム建設を計画しており、下流域に暮らす人々の生活への影響が懸念されます。このような点から、チベットをチベット人の手に取り戻すことが、インドと東南アジア諸国の国益に沿うと言えます。

チベットの未来

チベット問題は中国の内政問題と中国政府は主張します。しかし、チベット問題が国際問題であることは明らかです。平和的な国が違法な侵攻を受け、統治されているのです。また、人権と宗教の問題もあります。民主主義と法による統治の問題も絡んでいます。国際社会は、チベット人の闘いを、独裁体制・専制体制と戦うための勇気の源と見ています。中国は中国の市民のものであり、中国共産党のものではありません。中国人の中にも、中国共産党の弾圧政策に苦しめられている人がいます。

新型コロナウィルスのパンデミックの責任は中国共産党にあります。中国政府は犠牲者の口を封じ、医師が真実を明らかにするのを妨害しました。中国政府のこのような誤った対応、利己的な姿勢は、中国共産党指導部の不誠実さを如実に表しています。中国内外で多くの人が新型コロナウィルスに苦しんでいます。ポストコロナの世界は、中国政府に説明責任を求めていくことになるでしょう。

清華大学の許章潤教授は次のように述べています。

「中国は袋小路に入りました。ここから抜け出すための唯一の方法が民主主義です」

このような発言をした許教授が自宅軟禁に置かれていることは想像に難くないことです。許教授は、インターネットの使用も禁止されています。

また、インドの活動家ジャヤプラカシュ・ナラヤン氏は次のように述べています。

「チベットは死にません。人間の精神は死ぬことはないからです。共産主義が長く続くことはありません。人間が永久に奴隷であり続けることはないからです」

世界は、共産主義と弾圧を拒絶しています。一九八九年十一月、ベルリンの壁が崩壊しました。一九九一年十二月には、ソ連が崩壊しました。中国の共産主義にも終わりが訪れるでしょう。中国が民主化すれば、世界の平和と調和に貢献できる国になることでしょう。そして、平和と非暴力のメッセージを発信し続けるチベットは、安定と調和を維持していくことでしょう。

第二章

輪廻転生

ダライ・ラマ法王の転生問題に介入する歴史的、宗教的、政治的権利は中国政府にはない

本章の記事は、2019年7月20日に、
https://tibet.net/china-has-no-historical-religious-and-political-rights-to-interfere-in-dalai-lamas-reincarnation-issues/ および
https://timesofindia.indiatimes.com/readersblog/khawaripa-speaks/china-has-no-historical-religious-political-rights-to-interfere-in-dalai-lamas-reincarnation-issue-4723/ に掲載されたものです。

1940年2月22日、チベットのラサで行われた戴冠式でのダライ・ラマ法王（写真：チベット博物館）

中国政府によるチベット、ウイグル、香港への弾圧が激化しています。中国政府は国際社会の非難に耳を傾けることはないようです。今月（二〇一九年七月）、中国政府はインドのジャーナリストを中国に招きました。そして、招いたジャーナリストに対し、アルナーチャル・プラデーシュ州をめぐる領土問題と、ダライ・ラマ法王の問題に関し、上から目線で警告を行いました。中国の役人は脅迫めいた口調で、ダライ・ラマ十五世は中国政府が中国内で選定するため、インドからのいかなる干渉も認められないと述べたのです。

このような役人の態度の裏には、孫子の兵法の二つの格言があるように思います。
「深く敵国内に入り込み『重地』を占めれば、相手は『散地』となり、抵抗できなくなる」
「外国の諸侯を屈服させるには、その諸侯にとって害となることを行い、外国の諸侯を使役するには、その諸侯が手一杯になるような事業をやるようにしむけ、外国の諸侯を奔走させるには、その諸侯にとって利益となることをちらつかせる」

さて、先述のインドのジャーナリストに応対したのは、王能生、扎洛、肖傑の三名でした。王能生はチベット自治区人民政府副主席兼人民政府情報局長、扎洛は中国チベット学研究センター長、肖捷は同研究センター解釈研究所支援研究員でした。

この中国の役人たちは、ダライ・ラマの選定に関して、二つの重要な歴史的基準があると指摘しました。一点目は、二百年におよぶ歴史的プロセスに基づいて、ダライ・ラマは中国で選定されなければならないというものでした。二点目は、選定されたダライ・ラマは中国政府の承認を得なければならないというものでした。さらに、王能生と肖傑は、ダライ・ラマ十四世は中国政府の承認を受けているため、ダライ・ラマの称号を名乗れると説明しました。

三人の博識な中国の役人に敬意を払いつつも、その発言内容には異を唱えざるを得ません。彼らの発言は、歴史的・宗教的事実を歪めるあからさまな嘘です。

「二百年におよぶ歴史的プロセス」という発言ですが、二百年前は清朝の嘉慶帝（在位一七九六〜一八二〇年）の時代です。しかし、ダライ・ラマ一世の誕生は一三九一年であり、ダライ・ラマ制度の歴史はゆうに五百年以上にもなります。ダライ・ラマ制度の誕生は、清朝（一六四四〜一九一一年）の誕生よりも前なのです。したがって、清朝の皇帝がダライ・ラマの転生制度を管理していたというのは根拠のないことです。この点をもう少し深く考察するため、ダライ・ラマ制度の歴史を少し辿ってみましょう。

ダライ・ラマ一世ゲンドゥン・ドゥプパの生誕は一三九一年、ダライ・ラマ二世ゲンドゥン・ギャツォの生誕は一四七五年、ダライ・ラマ三世ソナム・ギャツォの生誕は一五四三年です。ダライ・ラマの称号は、モンゴルのアルタン・ハンがソナム・ギャツォに授けたものです。ダライ・ラマ四世ユンテン・ギャツォは、一五八九年、モンゴルで生まれました。ダライ・ラマ五世ロサン・ギャツォ（一六一七〜一六八二年）は、モンゴルのグシ・ハンの支援を受け、仏教と政治の両方の指導者となりました。その後、ダライ・ラマ六世は一六八二年に、ダライ・ラマ七世は一七〇八年に、ダライ・ラマ八世は一七五八年に、ダライ・ラマ九世は一八〇五年に生まれました。上記のダライ・ラマの選定は、完全にチベット仏教の伝統に則って行われました。

一七九二年、チベットに侵攻してきたゴルカ朝を撃退するために、チベットは清朝に派兵を求めました。時の清朝の皇帝は乾隆帝（在位一七三六〜一七九五年）でした。チベットが清朝に派兵要請をしたのは、四度目でした。度重なる派兵要請を受けた乾隆帝は、チベットに対し、二十九か条の布告を行いました。この布告は、チュ・ユンの関係と呼ばれる仏教の関係に基づいて出された点が重要です。皇帝が部下に対して出した命令ではないのです。二十九か条の布告の中に、ダライ・ラマとパンチェン・ラマの選定の際に金瓶掣籤《きんぺいせいせん》（金の壺の中に入った籤を引く方法）を用いることを勧める条文がありました。しかし、ダライ・ラマ十一世の選定の際を除いて、金瓶掣籤は用いられませんでした。ダライ・ラマ十世の選定の際、清朝の派兵に感謝して金瓶掣籤を用いたとチベットは清朝側に報告しましたが、実際は金瓶掣籤は使われませんでした。ダライ・ラマ十二世の選定の際は、金瓶掣籤は形式的に用いられましたが、金瓶掣籤の前にチベット仏教の伝統に則って選定は行われていました。

チベット仏教の伝統に則った選定プロセスは、ダライ・ラマ十三世、十四世の選定の際も使われました。一九四〇年のダライ・ラマ十四世の戴冠式には、中国を含む近隣国の代表団が招かれました。ダライ・ラマ十四世の選定の際には、いかなる国の承認も必要なかったのです。王能生と肖傑の「ダライ・ラマ十四世は中国政府の承認を受けているため、ダライ・ラマの称号を名乗れる」という発言は誤りであり、遺憾です。

金瓶掣籤の存在を強調し、ダライ・ラマの選定に中国政府の承認は不可欠であるかのような中国の三人の役人の発言は、根拠のないものです。中国政府の政治目標に合うように仏教の伝統を歪めようとする挑戦的で恥ずべき考えと言えます。

歴史を直視すると、ダライ・ラマ制度についてチベットとやり取りをしていた国は清朝です。当時、中国は清朝の一部でした。清朝とチベットの関係を引き合いに出してチベット統治の正当性を主張するのであれば、その主張をする権利があるのは中国ではなく、清朝を建国した満州人だと言えます。

中華民国建国の父孫文は、「中国は、二度外国の支配を受けた。それは、元朝（一二七一〜一三六八年）と清朝（一六四四〜一九一二年）だ」と述べています。つまり、中国は元朝でも清朝でもないのです。王能生と肖傑の言う「中国」とは何を指しているのでしょうか。中華人民共和国の建国は一九四九年で、二百年の歴史などありません。

ダライ・ラマ法王は、転生制度について事あるごとに明確なスタンスを示してこられました。ここでは、二〇一一年九月に公式サイトに掲載された内容を紹介します。

「以前にも述べたことですが、輪廻転生というのは、当該者の自発的選択、少なくとも当該者のカルマ、功徳、祈りの力によって起きるはずのものです。したがって、どこでどのような形で転生するか、どのようにして転生者が認定されるかについては、転生する当該者だけが決めることができる権限です。実際、当該者以外の人が強制したり操作したりできるものではないのです。特に、前世と来世の概念を明確に否定している中国共産党が、高僧の転生制度、とりわけ、ダライ・ラマとパンチェン・ラマの転生に介入するのは不適当と言えます。中国共産党のこのような厚かましい介入は、自身の政治イデオロギーに矛盾しており、ダブルスタンダードと言えます。このような状況が将来も続くのであれば、チベット人もチベット仏教徒もその状況を受け入れることはできないでしょう」

「私が九十歳になる頃に、チベット仏教の高僧、一般のチベット人、チベット仏教を信仰する関係者と協議を行い、ダライ・ラマ制度の継続の是非を再評価するつもりです。その協議の内容をベースにして、結論を出します。ダライ・ラマ制度の継続が必要で、ダライ・ラマ十五世を認定することが必要だという結論が出されれば、その責任は主にダライ・ラマのガンデン・ポタン基金の関係する役人に委ねられます。彼らは、チベット仏教の指導者や、歴代ダライ・ラマと不可分の関係にある護法尊と相談をすることになります。彼らは、助言と指示を受けた後、伝統に則って転生者の探索と認定の手続きを行います。この点について、私は明確な指示文書を残します。みなさんに心に留めていただきたいことがあります。それは、上記で述べたような適切な手続きを踏んで認定された転生者以外の転生者は認められないということです。中国共産党が選んだ転生者を含む政治的意図をもって選ばれた転生者は認められません」

国際社会は、偉大な精神的指導者としてダライ・ラマ法王に敬意を抱いています。ダライ・ラマ法王は平和と非暴力の啓蒙に貢献したことでノーベル平和賞を授与されました。しかし、中国政府はダライ・ラマ法王を、悪魔、テロリスト、分裂主義者、羊の皮を着た狼と非難します。ここで重要な質問があります。中国政府は、悪魔、テロリスト、分裂主義者、狼をどうして転生させたいのでしょうか。

輪廻転生は、前世と来世の存在を信じる仏教とヒンドゥー教に基づいた概念です。中国政府は、チベットの高僧の転生に介入する前に、前世と来世について学び、その考えを受け入れる必要があります。二〇〇七年、中国政府は、国家宗教事務局令第五号を発行し、転生者が中国政府から認可を得ることを義務付けました。中国政府はこれを撤回すべきです。中国を含む世界中の仏教徒はこの中国共産党の冒瀆を断じて容認しません。

自由の世界の指導者のみなさん、自由、正義、民主主義を愛するみなさんにお願いがあります。ダライ・ラマ法王の転生問題については、ダライ・ラマ法王の発言を最終のものとして支持して下さい。そして、チベット仏教の最も高尚な秩序に対する冒瀆行為を慎むよう中国の指導部に集団的に働きかけてください。確かな事実が一つあります。それは、ダライ・ラマの転生者を選ぶ歴史的・宗教的・政治的権利は中国共産党にはないということです。

第三章

元朝の歴史

中国はかつての元朝の一部に過ぎず、元朝の継承者ではない

本章の記事は、2019年11月8日に、
https://tibet.net/china-was-only-apart-of-the-mongol-yuan-dynasty-it-was-neither-the-authority-nor-the-inheritor-of-the-dynasty/
に掲載されたものです。

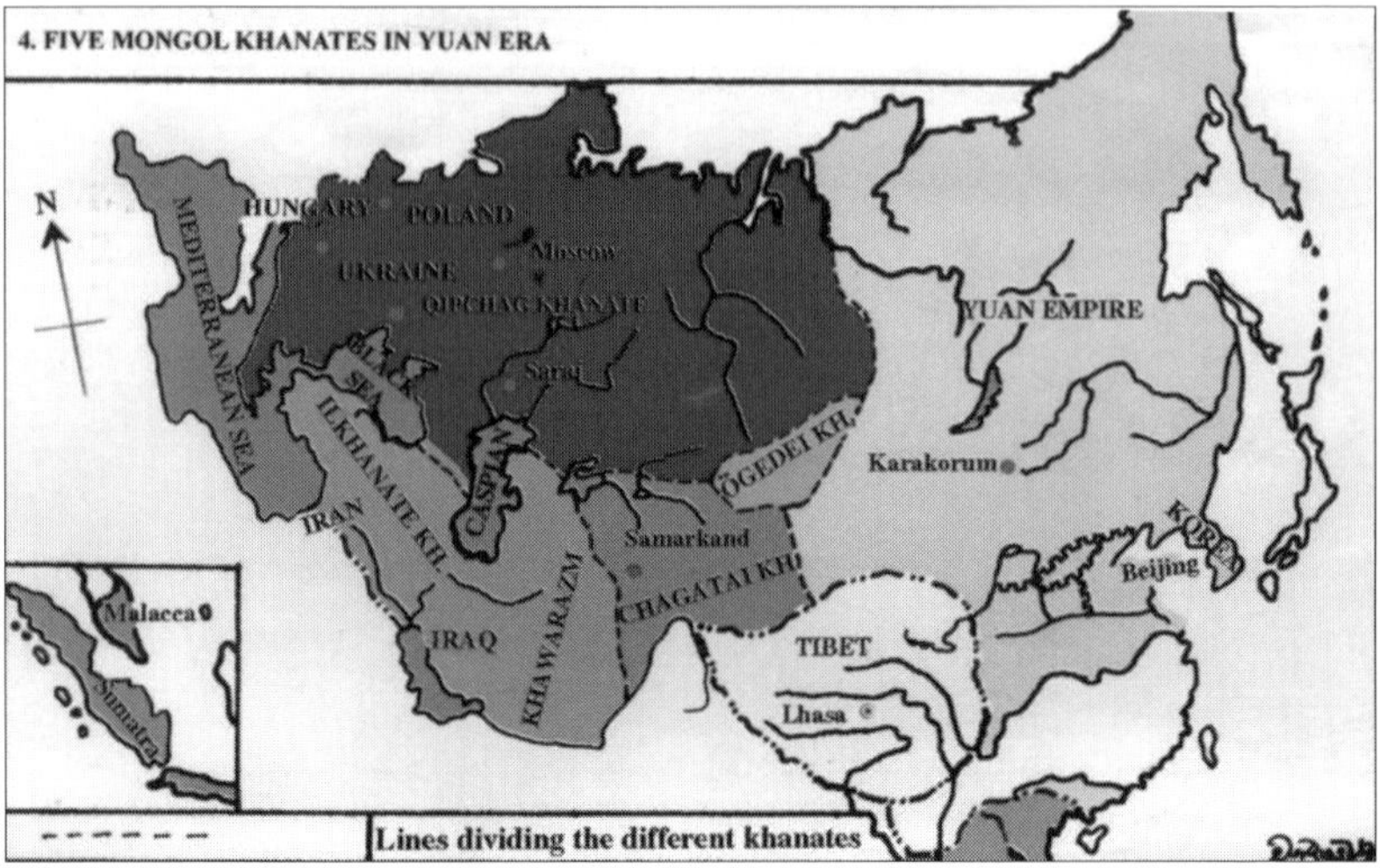

モンゴルとチベットの地図４（チベット亡命政権情報・国際関係省）

一九五〇年に中国共産党の侵攻を受けるまで、チベットは政治的にも歴史的にも独立国家でした。しかし、中国政府は、根拠のない様々な口実を使って、チベットは中国の一部であると主張します。中国政府が使う最も有名な口実が元朝（一二七一～一三六八年）についてのものです。中国政府は、明朝が一三六八年に建国された際に、チベットを元朝から継承したと主張しています。本章では、この時代のチベットと元朝の関係を検証します。中国政府の言い分は妥当でしょうか。それとも、自身の政治的目的に合うように歴史的事実を歪めたプロパガンダに過ぎないのでしょうか。

かつてのモンゴルは、様々な遊牧民の部族によって統治されていました。モンゴルが国家の体をなして世界地図に登場するのは、チンギス・ハンの時代です。チンギス・ハンの時代の主な部族は、東部のタタール部、中央部のケレイト部、北部のメルキト部、オングト部、西部のナイマン部、オルクヌト部、バヤウト部、コンギラト部、キルギス部、オイラト部などです。[※1] 一一六二年に生まれ、テムジンという名を与えられたチンギス・ハンは、これらの部族を統一し、大ハンとなりました。そして、近隣諸国を侵攻し、世界史上最も大きな帝国を築き上げました。ロシアとヨーロッパにはキプチャク・ハン国、中国、ビルマ、朝鮮には元朝、パキスタン、アフガニスタン、キルギスなどにはチャガタイ・ハン国、イラン、イラク、トルコにはイル・ハン国が建国されました。

この時代には、チベットもモンゴルの影響下に入りましたが、チベットはモンゴルと緊密で特別な関係を築いていきました。チベットとモンゴルの関係は、被征服者と征服者の関係ではなく、チュ・ユンの関係と呼ばれる互恵関係でした。この関係の下、チベット人は完全な自治を享受し、侵略から守られました。一方、モンゴルは合法的な統治権を得ることができました。また、モンゴルの人々は仏教哲学の深い教えを受けることができ、倫理的基盤を築くことができました。

モンゴル軍は、一二〇七年と一二〇九年にチベットとの国境にやって来ました。これは、モンゴル軍が、チベット北部に位置したタングート部の西夏[※2]を攻撃したときのことです。[※3] このとき、チベットは、モンゴルに屈服し、モンゴルに貢物を贈る代わりにチベットへの進軍をやめるよう求めました。モンゴル軍が西夏を屈服させたのは一二二六年で、その翌年、チンギス・ハンはこの世を去りました。その後、チベットはモンゴルに貢物を贈るのをやめました。チベット語で記された「蒙古仏教史」には、「チベットはチンギス・ハンに屈し、モンゴルは仏教を採用した」という一節があります。この一節は

誤解を生むと言う学者もいます。タングート部とチベットは別であり、西夏の征服はチベットの征服を意味しません。[※4]

一二四〇年、ゴダン・ハン（チンギス・ハンの三男オゴダイ・ハンの次男）がチベットを攻撃しました。このとき、レティン僧院とギャル僧院が破壊され、僧侶を含む約五百人が殺害されました。[※5] その後、ゴダン・ハンは、モンゴルは強大だが、チベットが持つ倫理や精神性が欠如していることに気付きました。そして、ゴダン・ハンは、チベット仏教サキャ派の指導者サキャ・パンディタ・クンガ・ギャルツェン（一一八二〜一二五一年）を招くことに決めました。一二四七年、ゴダン・ハンとサキャ・パンディタは、涼州（東チベットのアムドのパリグ）で会談しました。[※6] しかし、この場所はチベットのアムド地方北部にある現在の甘粛省武威市である可能性もあります。

サキャ・パンディタは、ゴダン・ハンに対し、帰依、カルマ、菩薩について教授しました。ゴダン・ハンはこの教えに感銘を受け、仏教を国教としました。当時のチベットはゴダン・ハンの影響下にあったものの、ゴダン・ハンはサキャ・パンディタに中央チベットの十三の政府を一時的に統治する権限を付与しました。[※7]

サキャ・パンディタはチベットの指導者に向けてモンゴルから書簡を送りました。この書簡は、モンゴルの権力を受け入れ、恩恵をもたらさない武力行使を控えるよう助言するものでした。サキャ・パンディタは、次のように記しました。

「中国、チベット、ウイグル、タングートなどの様々な教師や権力者が感謝の気持ちを持って私の教えに耳を傾けてくれています。モンゴルの人達は、私に尊敬の念を抱いてくれています。モンゴル人の私たちへの接し方については何の心配もいりません。このことを心に留めて、安寧に過ごしてください」※8

この書簡から、中国、チベット、ウイグル、タングートは別物だということがわかります。また、サキャ・パンディタは、これらの国々の人々から尊敬され、すべての国の人々のことを気にかけ、助言していたということもわかります。

中国政府は、ゴダン・ハンとサキャ・パンディタの会談および書簡を根拠にして、チベットが中国の一部であったと主張しています。

「会談は、涼州会談と呼ばれている。その後、吐蕃（チベット）人に向けたサキャ・パンディタの書簡が発行され、これをもって、公式にチベットは中国に組み込まれた。チベットは、元朝の中央政府の管轄下にある行政地域となった」※9

「涼州会談は、チベットと中央政府の関係の発展において歴史的な出来事であった。モンゴル人とチベット人は母国の平和的統一と民族団結の発展のための大きな貢献を果たした」※10

このような根拠でチベットが中国の一部であると主張するのは不合理です。この関係は、モンゴルとチベットの関係です。フビライ・ハンが元朝を建国したのは、中国の南宋を併合するより前の一二七一年で、中国が元朝の支配下に入るのは一二七九年のことです。ゴダン・ハンとサキャ・パンディタの会談の時点では、中国は完全なる部外者です。したがって、元朝に関する主張を中国がする根拠はまったくありません。

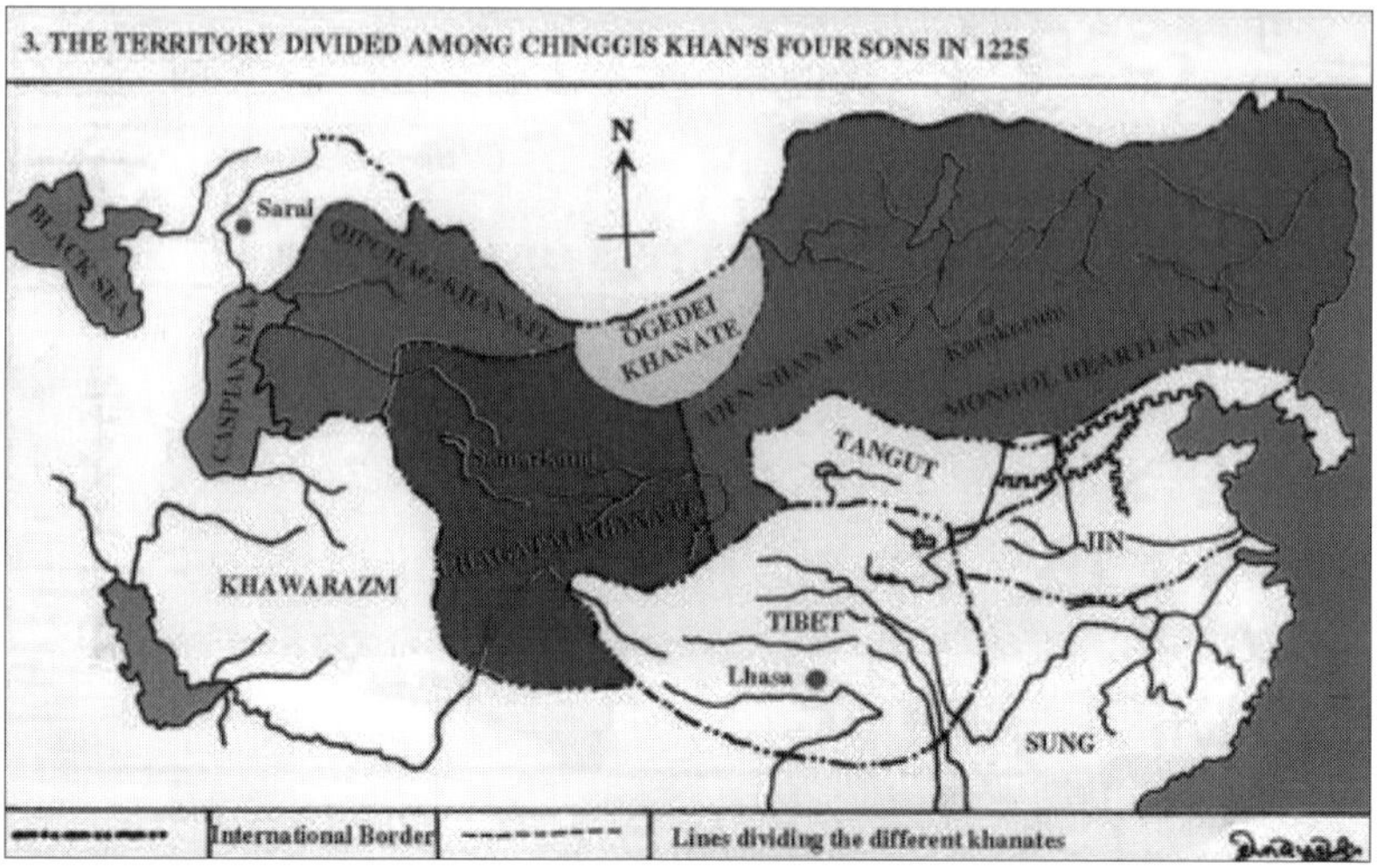

モンゴルとチベットの地図３（チベット亡命政権情報・国際関係省）

　サキャ・パンディタは、宗教的権威を甥のパクパに譲り、一二五一年に涼州でこの世を去りました。また、同年、ゴダン・ハンもこの世を去りました。

　モンケ・ハン（チンギス・ハンの四男トルイの長男）の時代、モンゴル帝国はあらゆる方面に領土を拡大しました。トルイの次男フビライ・ハンは、パクパを上都に招きました。当初は程度の差こそありましたが、フビライ・ハン、妻チャブイ、大臣の多くが敬虔《けいけん》な仏教徒になりました。仏教はますます人気を博していったのです。フビライ・ハンはパクパにチベット三州の全権を与え、一二五四年から、サキャ派の僧侶がチベットを統治するようになりました。また、フビライ・ハンは、中国人の人口を減らすべく中国人を川に投げ込む儀式を毎年行っていましたが、サキャ・パンディタの助言により、フビライ・ハンはこの習慣をやめたという記録も残っています。[※11]これは、フビライ・ハンがモンゴル帝国の大ハーンにな

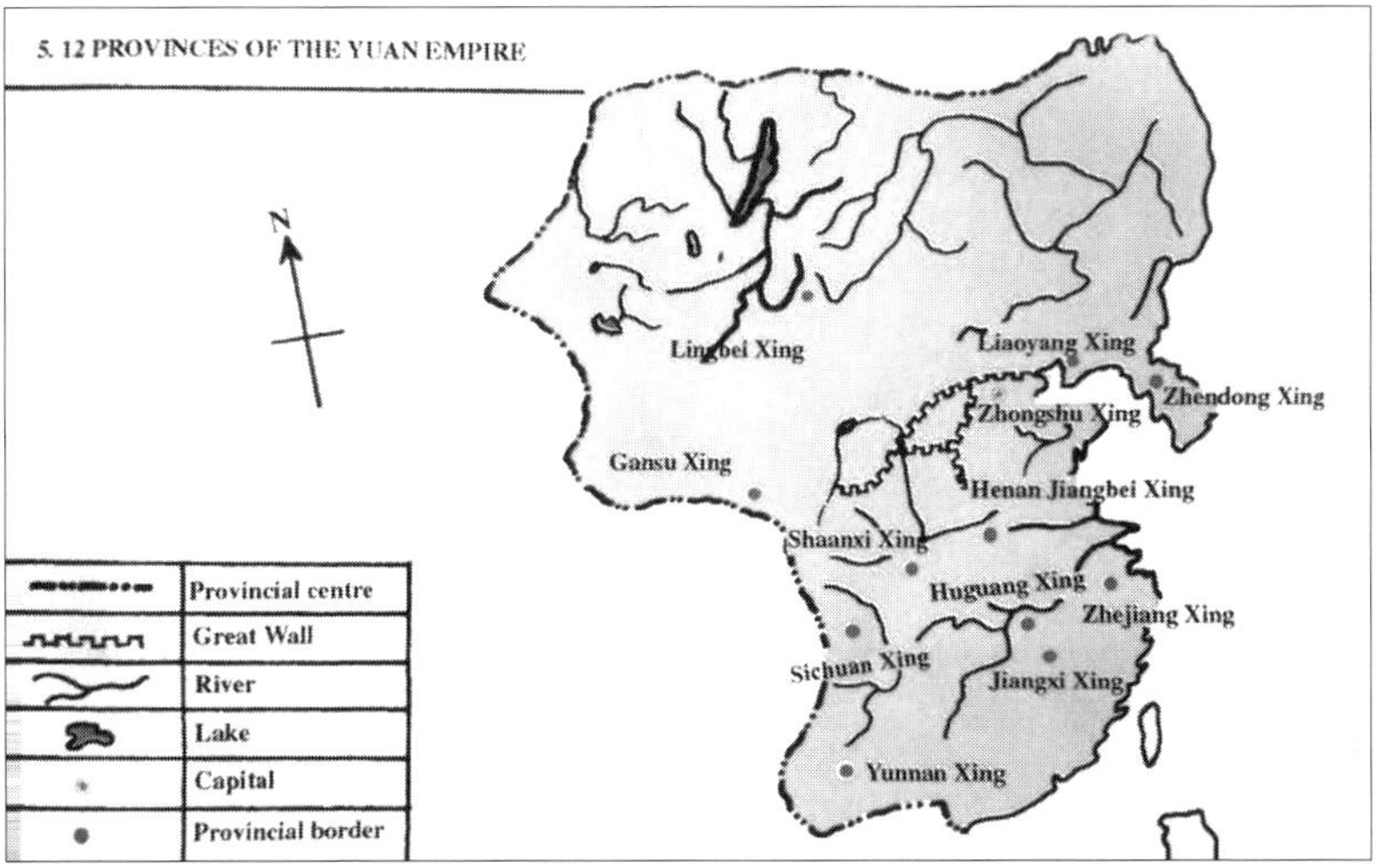

元朝の12省（チベット亡命政権情報・国際関係省）

る前のことです。

十三世紀頃になると、金と南宋が領土争いを繰り広げました。一二三四年、オゴダイ・ハンが金を滅ぼし、南宋へ進軍しました。そして、一二七九年、フビライ・ハンが南宋を滅ぼしました。これに先立って、一二七一年に、フビライ・ハンは元朝を建国し、大都に都を置きました。

当時、モンゴルの周辺に存在したのは、東トルキスタン、チベット、タングート、大理、金、高麗、ビルマ、ベトナムなどですが、これらはすべてモンゴル帝国の影響下に置かれました。当時の歴史的地図を見れば、私たちが話している中国がどのような国なのか、もっとよく分かるかもしれません。

チベットがモンゴルの影響下に置かれた事実は否定できません。しかし、ゴダン・ハンとフビライ・ハンの時代にはチュ・ユンの関係が存在し、モンゴルはチベットを直接統治しませんでした。これは、元朝が建国された一二七一年よりも前のことです。一二七九年に元朝の支配下に入った中国の南宋は、チベットとは無関係です。その後の中国は、元朝の一部に過ぎませんでした。

さらに重要なことですが、フビライ・ハンとその後継者たちは、元朝の領土を複数の省に分割しようとしました。元朝の第五代皇帝シデバラ（在位一三二一〜一三二三年）の時代、元朝は政治的、行政的に十二の省に分割されました。※12 この時代の地図は、中国で一九一四年に公式に発表されています。中国政府はチベットが元朝の一部であったと主張しますが、この十二の省の中にチベットは含まれていません。つまり、チベットは元朝の一部ではなかったのです。この意味で、中国政府の主張は根拠がないと言えます。

最後に、元朝がチベットにいかなる影響を及ぼしていたにせよ、その影響は一三五〇年に終わることになります。一三五〇年に、パグモドゥ派のチャンチュプ・ギャルツェン（在位一三五〇〜一三六四年）が、サキャ派に代わってチベット統治を開始し、モンゴルの影響下からの独立を宣言したのです。中国がモンゴルから独立を手にしたのは、これから十八年後の一三六八年のことです。

以上のことから、チベットが元朝の一部であったためチベットは中国の一部であるという中国政府の主張は、根拠がないものです。チベット、中国、その他の多くのアジアの多くの国々が、モンゴル帝国から直接的あるいは間接的に統治されていたというのが正しい歴史です。

註

※1 David Morgan, The Mongols, p-56

※2 チベットではミ・ニャクの名で知られる。

※3 DIIR, The Mongols and Tibet, p-2, 2nd edition, 2009

※4 Kwanten Luc Herman, Tibetan-Mongol Relations during the Yuan dynasty, p-50, p-52, p-57, Phd thesis, 1972

※5 Shakabpa, Tibet a Political History, p-61

※6 DIIR, The Mongols and Tibet, p-11. なお、Shakabpa は会談場所が甘粛州の首都である蘭州であったと記している。

※7 Shakabpa, p-63

※8 DIIR, The Mongols and Tibet, p-14

※9 The Liangzhou Talk between Godan and Sakya Pandita, http://eng.tibet.cn/eng/index/Archives/201907/t20190712_6635163.html

※10 Ibid.

※11 Shakabpa, p-65

※12 DIIR, The Mongols and Tibet, p-21

第四章

十七か条協定

中国政府が
約束したこと、果たしたこと、今後

本章の記事は、2019年5月23日に、
https://tibet.net/the-17-point-agreement-what-chinapromised-what-it-really-delivered-and-the-future-2/ に掲載されたものです。

一九五一年五月二十三日、中国政府がチベット特使を脅迫し、十七か条協定「中央人民政府とチベット地方政府のチベット平和解放に関する協定」に調印させた。中国軍が東チベットのチャムドを落とした直後のことであった。中国政府は、チベット特使に対し、協定に調印するか、中国軍のチベットへの即時進軍を認めるかの二者択一を迫った。写真：クロード・アルピ

一九五一年五月二十三日、チベットと中国の間で十七か条協定という協定が北京で結ばれました。この協定をもって、チベットが中国の一部となり独立を失ったと考えている人も多いですが、これには議論の余地があります。中国政府は、この協定を、チベットの解放と統治を正当化するものとして誇らしげに語ります。しかし、この協定の調印の際、チベット特使は中国政府から脅迫を受け、調印を強要されました。このことから、十七か条協定は不当なものと言えます。本章では、十七か条協定の起源、合法性、妥当性について検証します。そして、この協定の中で中国政府が約束したこと、中国政府が実際に行ったことを分析します。さらに、チベット問題の解決のために、十七か条協定が果たす役割についても考えます。

歴史的背景

中国政府はチベットが歴史的に中国の一部であったと主張します。[※1] しかし、一九四九年以前のいつかなるときもチベットが中国の一部でなかったことは紛れもない事実です。[※2] 中国政府がチベットの宗主権を主張し始めたのは、一九四九年の中華人民共和国建国後のことです。中国政府は、歴史上たいして重要でない事柄を多数引き合いに出して、チベットが中国の一部であったと主張します。しかし、中国政府によって捏造された他のプロパガンダと同様、チベットをめぐる中国政府の主張も一貫したものではありません。当初、中国政府は、七世紀の唐の時代に文成公主がチベットのソンツェン・ガンポ王に嫁いだことにより、チベットが中国の一部になったと主張していました。しかし、ソンツェン・ガンポには他に四人の妃がいました。チベットのモンサ・ティチャム、ネパールのティツン、シャンシュン王国のリティクメン、吐谷渾のルヨンザです。よって、文成公主は特別な存在ではありません。この次に中国の白書が持ち出したのが、中国政府は元朝、明朝、清朝を引き継いだという主張です。[※3]しかし、これらの捏造された欺瞞に満ちた主張は歴史を歪めるものであり、中国人の学者からも強く反駁《はんすう》されています。[※4]

歴史的に、海外の軍がチベットに入り、影響力と宗主権を行使した時期はあります。十三世紀にはモンゴルが、十八世紀にはネパールが、一九〇四年にはイギリスが、一九〇八年には清朝がチベットに侵入しました。清朝にいたっては、十八世紀に三度チベットに軍を送っています。一七九二年の派兵は、チベットに侵攻したネパールのゴルカ朝を撃退するため、[※5]そして、一七二八年と一七五一年の派兵は、チベットの秩序を回復するためでした。[※6]清軍の派兵は、チュ・ユンの関係によるものであり、侵略者ではない点が重要です。

チベットからの要請であったかどうかにかかわらず、外国の軍は目的を達成した後、あるいは撃退された後、撤退していきました。これらの軍との戦闘は小規模なもので、これをもってチベットが中国の一部であるということにはなりません。このような小規模な戦闘を持ち出して領有権を主張できるのであれば、様々な国が同様の主張を展開することができます。事実、チベットが中国の領有権を主張することも可能です。七六三年、チベットのティソン・デツェン王は唐の都長安を落とし、唐の皇帝は逃走しています。[※7] このような一時的な領土の占拠は世界中のほぼすべての国が経験していることです。

元朝の時代に関して言えば、チベットも中国もモンゴルの影響下にありました。しかし、中国は元朝の直接統治を受けていたのに対し、チベットは、チンギス・ハンの孫コダンハンとサキャ・パンディタ間のチュ・ユンの関係に基づく高度な自治を享受していました。この関係は、フビライ・ハンの時代に強化され、フビライ・ハンは、パクパにチベットの政治的権威を与えました。[※8]

しかしながら、一三五〇年にはチャンチェブ・ギャルツェン（在位：一三五〇〜一三六四）のもと、チベットは独立しました。中国がモンゴルから独立を回復し明朝を打ち立てたのは、チベットが独立する十八年も後の一三六八年でした。[※9] したがって、中国がチベットを元朝から引き継いだということはありえません。

―国家としてのチベット

香港大学の劉漢城教授は、明朝と清朝の時代の二つの権威ある文献と地図から、チベットは明朝の一部ではなかったと述べています。これは、チベットは古より中国の一部だったという中国政府の主張に疑問を投げかけるものです。[※10]

事実、毛沢東自身もチベットを一国家と見なしていました。東チベット沿いを長征した際、毛沢東はチベット人の支援に感謝していました。毛沢東は次のように述べています。

「これは、外国人に対する借りだ。満州人とチベット人から受けた支援をいつの日か返さなければならない」[※11]

しかし、中華人民共和国が建国された一九四九年十月一日、中国共産党は北京放送で次のような声明を流しました。

「人民解放軍は中国のすべての領土を解放しなければならない。チベット、新疆（ウイグル）、海南島、台湾も例外ではない」[※12]

しかし、中国共産党がチベットを解放するには、チベット人の合意が必要だったのです。チベット人の合意がなければ、中国のチベット占領の妥当性は失われ、国際社会が介入してくる可能性があったからです。チベット側はこのような合意を毅然として拒否しました。その結果、中国側はチベット特使を脅迫し、十七か条協定に調印させることになったのです。そして、中国政府は、チベットでの蛮行を正当化すべく、十七か条協定を誇らしげに掲げているのです。

中国の動向を注視しているある専門家は次のように述べています。

「中国は、自らをアジア・太平洋地域の超大国と位置づけ、様々な場所で『領有権』を主張しています。これが、南シナ海などにおける緊張を引き起こしているのです」[※13]

十七か条協定[※14]

十七か条協定は、チベットの歴史の転換期における中国との関係を示す非常に重要な文書です。この協定は、協定締結前はチベットは中国の一部ではなかったことを示しています。この協定の内容をこれから詳しく見ていきます。

十七か条協定の序文は曖昧《あいまい》で誤解を生むものです。

「この百年以上にわたり、帝国主義国家が中国に侵攻し、その支配はチベットにも及んだ。そして、数多くの欺瞞的策略と挑発を行った」

上記の「この百年」は、一八四九〜一九四九年を指します。この期間に、どのような帝国主義国家がチベットを侵攻し、チベット人に欺瞞的策略を行ったのかを検証する必要があります。まず、一九〇四年に、イギリス領インドのフランシス・ヤングハズバンドがチベットに侵攻し、ラサ条約を締結しました。[※15]それから二か月以内にイギリス領インド軍は撤退しました。一九〇六年には、清朝がチュ・ユンの関係を破ってチベットに侵攻しましたが、一九一二年、辛亥革命が起きたタイミングで、チベットは清軍を撃退しました。

したがって、「この百年」にチベットに侵攻した国はイギリスと清朝です。ここで重要なポイントがあります。仮にイギリスがチベットに侵攻した当時にチベットが中国の一部であったとするならば、中国は何らかの干渉をするはずではないでしょうか。しかし、そのような干渉はなく、弱体化したチベットを狙って、清朝が攻撃をしかけてきたのです。「欺瞞的策略と挑発」を行ったのはいったい誰なのでしょうか。イギリスと清朝によるチベット侵攻時点の状況から、当時、チベットが独立国家であったことは確かな事実と言えます。

十七か条協定の締結をもってチベットの独立は終焉したと考えている人もいます。しかし、事実は逆です。協定は、締結当時のチベットが独立国家であったことを示しているのです。また、協定は、中国とチベットの間で、「一国二制度」を行うことも示しています。

協定は、中国共産党の帝国主義的な一面も示しています。協定の調印は脅迫の下で行われましたが、ダライ・ラマ法王とチベット政府はできる限り中国側の要求を受け入れようとしました。一方、中国側は、チベット全土が人民解放軍の統治下に入ったと判断すると、協定の内容を破り始めました。これが、中国共産党のやり方です。香港、台湾もチベットのこの経験から学び、中国側からもちかけられる交渉に留意する必要があります。[※16]

当初、中国政府は、十七か条協定の提案をしただけですが、その後、チベット特使を脅迫し、協定締結を強いました。チベット人は当初、協定の内容を拒否していましたが、その後、内容を受け入れようと努めました。しかし、その後、中国側に有利な協定の内容すら、中国政府は守らなくなっていきました。[※17]このような中国政府の対応を受け、再びチベット人は抵抗し、抗議の声をあげました。今、中国政府は、十七か条協定を誇っています。何とも皮肉な状況です。

――十七か条協定の重要性：チベットと中国のアプローチ

中国政府は、十七か条協定を、チベット統治を正当化するための合法な文書と見ています。ここでは、十七か条協定で約束された内容、中国政府が実際に行った行動、中国政府がこれから行うべき内容について取り上げます。

チベット問題解決のため、ダライ・ラマ法王とチベット亡命政権は、様々な提案を行ってきました。一九八七年には五項目和平プラン、※18 一九八八年にはストラスブール提案、※19 二〇〇八年には全チベット民族が名実共に自治を享受するための草案※20が提唱されました。この三つは、チベット問題を解決するための、チベット側の「三つの核心的アプローチ」と言えます。中国政府の指導部およびシンクタンクにおかれましては、これらの三つの文書の内容を検討し、チベット人の要求を理解していただければと思います。一方、中国側が拠り所とする文書には、十七か条協定、※21 鄧小平元国家主席の声明、※22 中国憲法※23があります。この三つは、中国側の「三つの核心的アプローチ」と言えます。

十七か条協定は脅迫下での調印ではありましたが、中国のチベット侵攻の口実となりました。亡命されたダライ・ラマ法王が一九五九年四月にインドのテズプルに到着された際、国際社会は十七か条協定の真実を知ることになったのです。※24 そして、この瞬間、中国はチベットを合法的に統治する根拠を失いました。国際法的に、中国のチベット支配は違法なのです。※25 国力を増し、国連の重要な一員となった中国は、歴史の過ちを是正する必要があります。そして、倫理的で国際法に則った行動をすべきです。中国政府は、脅迫と残忍な統治を通して、チベットを力で締め付けてきました。しかし、この一方で、十七か条協定でチベット人に対して約束したことは果たしていないのです。

――十七か条協定の中の履行されていない条項

十七か条協定の調印から六十年を迎えた二〇一一年、中国政府の広報誌である環球時報は次のように報じました。

「十七か条協定に記されているように、チベット人は団結し、攻撃的な帝国主義勢力を駆逐し、中華人民共和国の一員に復帰しなければならなかったのです。また、チベット地方政府は中国人民解放軍を支援し、国防を強化する必要がありました。さらに、チベットの地方自治と信教の自由が十七か条協定に記されています」※26

「帝国主義勢力」というのが何を指しているのか理解に苦しみますが、これについてはすでに議論しました。人民解放軍がチベットに入り、力を誇示した点は事実です。しかし、最後に述べられている地方自治と信教の自由という約束はどうなっているのでしょうか。

もし中国政府がチベット問題を真剣に解決しようとしているのであれば、十七か条協定に記されているにも拘らず履行されていない条項を真摯《しんし》[※27]に直視する必要があります。以下に、その条項を記します。

第三条　中央人民政府の一元管理された指導の下、チベット人民は民族地方自治権を行使する権利を有する。

第四条　中央当局は、チベットの現行の政治制度には変更を加えない。ダライ・ラマの固有の地位、役割、権限についても中央当局は変更を加えない。各階級の役人は従来通りの職に就く。

第五、六条　パンチェン・ラマの固有の地位、役割、権限については維持される。

第七条　チベット人民の信仰、風俗習慣を尊重し、僧院を保護する。

第九条　チベット民族の話し言葉、書き言葉、学校教育を発展させる。

第十条　チベットの実際の状況に合わせて、チベットの農業、畜産業、工場、商業を段階的に発展させる。

第十一条　チベット地方政府は自らの手で改革を行う。人民から改革の要望が出された場合、チベットの指導者との協議によってこれを解決する。

第十三条　チベットに進駐する人民解放軍は上記すべての条項を遵守する。人民から針一本、糸一本たりとも恣意《しい》的に奪ってはならない。

上記の九条項が、中国政府が約束したにもかかわらず、果たしていないものです。果たしていないどころか、破っているとも言えます。もし中国政府が十七か条協定をチベット統治の根拠とするのであれば、協定違反の部分について責任を果たすべきです。

今後

ここで、一九八七年の五項目和平プラン、一九八八年のストラスブール提案、二〇〇八年の全チベット民族が名実共に自治を享受するための草案の中身について検証したいと思います。これらのチベットの「三つの核心的アプローチ」は中国の「三つの核心的アプローチ」からどれほど逸脱しているのでしょうか。さらに、全チベット民族が名実共に自治を享受するための草案が中国の憲法に違反するのか、違反するのであればどの程度違反しているのかを検証することが重要です。中国政府と協議、交渉を行い、チベットと中国の双方に受け入れられる合意に達するには、お互いの立場の共通している部分を探すことが重要です。全チベット民族が名実共に自治を享受するための草案を詳しく検証すると、この草案が十七か条協定、鄧小平の声明、中国の憲法に反しないことは明らかです。中国政府は何に尻込みしているのでしょうか。

最近行われた中国の反体制派滕彪博士へのインタビューによると、[※28]中国の一般市民は全チベット民族が名実共に自治を享受するための草案の存在すら知らないということです。中国政府は、チベット人が独立を目指す分裂主義者であるという印象を植え付けているのです。中国共産党の指導者とチベット人、本当の分裂主義者は誰なのでしょうか。

中国共産党の指導部は、中国が中国国民のものだということを理解しなければなりません。中国は中国共産党のものではありません。中国人は、全チベット民族が名実共に自治を享受するための草案の内容について知る権利があります。こうした情報を隠蔽《いんぺい》することにより、中国共産党は、自身がチベットを違法統治しているという事実をひた隠しにしているのです。

中国共産党が認識すべきことは、中国のチベット侵攻以前にチベットは独立国であったことを十七か条協定が示しているということです。しかし、現在、チベット人は中国からの独立を望んでいません。ダライ・ラマ法王とチベット亡命政権が推し進める中道政策と中国側の政策の共通点を探すために、十七か条協定は重要な役割を果たします。チベットと中国の「三つの核心的アプローチ」にはＺＯＰＡ（合意可能領域）が存在する可能性があります。中国の指導部にＺＯＰＡを見出すための強い意志と誠実な努力があれば、十七か条協定の結果手に入れた不当な勝利を今後口に出す必要もなくなるでしょう。チベットと中国の双方が恩恵を受けられるようになるからです。

中国がチベットを統治し始めてから六十年以上がたちます。しかし、中国はチベット人を完全に打ち負かすことはできません。中国はこの事実を受け入れるべきです。十七か条協定から六十年の節目の年に、中国政府は、チベット難民社会が分断され、ダライ・ラマ法王が孤立していると強調しました。[※29] このような事実に反する内容を主張する中国共産党指導部は、自暴自棄になっていると言えます。

十七か条協定が締結された五月二十三日に、中国共産党指導部は歴史を顧みる必要があります。この協定でチベット人に何を約束したのか、実際に何を行ったのか、協定がチベット問題解決のためのZOPAを見出すために果たす役割はないのかについて今一度考えるべきです。

註

※1 White paper 1992: Tibet - its ownership and human rights situation http://www.china-un.org/eng/gyzg/xizang/t418894.htm

※2 TG Arya https://tibet.net/2019/03/tibet-has-never-been-a-part-ofchina-anywhere-in-its-pre-1949-history/

※3 White paper 1992: Tibet - its ownership and human rights situation http://www.china-un.org/eng/gyzg/xizang/t418894.htm

※4 1) Prof Hon Shing Lau, The Political Status of Tibet during Ming Dynasty: An analysis of some historical evidence, City University of Hong Kong
2)Chinese Voices for Tibet, DIIR
 a) Cao Changqing, Independence -the right of Tibetan people, p-80
 b) Chen Pokong, Has Tibet belong to China since ancient times?, p-164
 c) Zhu Rui, Tibet has not been a part of China since ancient times, p-193

※5 Shakabpa Tsepon W.D. Tibet - A Political History, Potala Publications, New York, 1984

※6 Tibet - Proving Truth From Facts, p-20, DIIR Publications, India, Reprint 2006

※7 Tsepon Shakabpa, Tibet - A political history, p-39, Potala, New York, 1984

※8 Tibet, Proving Truth From Facts, p-15, DIIR Publications, Dharamsala, India, Fourth edition 2006

※9 Ibid, p-16

※10 https://journals.sagepub.com/doi/abs/10.1177/000944519834701?journalCode=chra ProfHon Shing Lau, The PoliticalStatus of Tibet during Ming Dynasty: An analysis of some historical evidence, City University of Hong Kong

※11 Edgar Snow, Red Star Over China, p-235, Penguin Books, Great Britain, Reprint 1972

※12 1) Tibet: Proving Truth From Facts, p-30, DIIR, 2006
2) Tsering Shakya, The Dragon in the Land of Snow, p-3, Pimlico, UK, 1999

※13 Jayadeva Ranade, China Unveiled, Insights into Chinese Strategic Thinking, p-42, KW Publishers Pvt. ltd. Delhi, 2013

※14 The English Translation is based on Tsering Shakya's Dragon in the land of Snow, p-449 ff

※15 Alex Mckay, Tibet and the British Raj; The Frontier Cadre 1904-1947, p-xxxiii, LTWA, India, 2009

※16 Tang Huiyun, "Why are people in Hong Kong are concerned about the Tibetan problem?", p-61, Chinese Voices for Tibet, DIIR

※17 Dalai Lama, My Land and My People, p-198, Timeless Books, Delhi, 2016

※18 Tibet - Proving Truth From Fact, p-118, DIIR Publications, Reprint 2006

※19 Ibid., p-118

※20 Memorandum on Genuine Autonomy of the Tibetans, DIIR Publications, 2009, India

※21 特に、第三、四、七、九、十一条

※22 "Everything is negotiable except the independence of Tibet" – Deng Xiaoping, 1979

※23 Article-4, "Regional autonomy is practised in areas where people of minority nationalities live in compact communities……." and Article-2, 4 and 11 of Law of the PRC on Regional National Autonomy

※24 1) Dalai Lama, My Land and My People, p-197;
2) Facts about the 17-point agreement between Tibet and China, p-137, DIIR, 2001

※25 The Legal Status of Tibet - Three Studies by Leading Jurists, p-93, DIIR, 1989

※26 http://www.globaltimes.cn/content/658075.shtml

※27 第三、四、五、六、七、九、十、十一、十三条

※28 滕彪博士へのインタビューは二〇一九年、インドのダラムサラで行われた。博士は中国の人権活動家、弁護士、北京の政治法大学の講師である。現在は、アメリカ在住で、ニューヨーク大学の客員研究員を務めている。

※29 Jayadeva Ranade, China Unveiled, Insight into Chinese Strategic Thinking, p-267 ff, KW Publishers Pvt. ltd. Delhi, 2013

第五章

チベット問題は
中国の内政問題ではない

本章の記事は、2020年2月5日に、https://tibet.net/tibet-has-never-been-an-internal-affair-of-china-information-secretary-tg-arya/ に掲載されたものです。

チベットのために集ったチベット人とサポーター（資料映像）

二〇二〇年一月二十八日、アメリカ議会で、チベット政策支援法案が圧倒的賛成多数で可決されました。これは、チベット人にとっての大勝利と言えます。[※1] この法案は、覇権主義の幻想に浮かれていた中国共産党の指導部に衝撃を与えました。中国共産党の広報誌である中国中央電視台、[※2] 新華社通信、[※3] 環球時報など[※4]は、中国の「内政問題」への干渉であるとして、アメリカ議員を激しく攻撃しました。

アメリカ政府とアメリカ人は、チベットの自由と正義を求める闘いを強力に支援するという強いメッセージを中国共産党に送りました。法案はチベット亡命政権を称賛し、チベットの高度な自治を求める中道政策を支持するものでした。さらに、法案は、信教の自由についても言及していました。これには、次のダライ・ラマ法王の選定についての内容も含まれていました。ダライ・ラマ法王の転生者の選定に中国政府が介入した場合、中国政府に制裁を加えるという警告も条文に記されていました。

中国政府が理解しなければならないのは、チベットが中国の内政問題であったことは一度もないということです。平和的な非暴力の独立国家が武力で違法に支配されているという国際問題なのです。人権問題、宗教の自由の問題、環境問題でもあります。チベットは、残忍な共産主義、独裁主義に対する抵抗のシンボルとなったのです。政府による弾圧やジェノサイドは、それがどこで起きているにせよ、国際問題になります。内政問題ではないのです。

中国国営の中国国際電視台の劉欣氏は、チベット政策支援法案に対するコメントで、「もっと勉強しろ」とアメリカ議員を挑発しました。[※5] また、研究者廉湘民氏は、「ダライ・ラマ法王の転生者の選定の際、チベット地方政府は中国中央政府の承認を得なければならない」と述べました。[※6]

劉欣氏は、「ダライ・ラマ三世ソナム・ギャツォが、『ダライ』の称号を求めて、明朝の裁判所で裁判を起こした」と述べています。しかし、そのような事実はありません。事実は、モンゴルからチベットへ戻る途中のソナム・ギャツォが明の皇帝から招待を受けたということです。なお、ソナム・ギャツォはこの招待を断っています。

チベット人がダライ・ラマ法王の転生者を選定する際に海外の政府の承認が必要だという発言は馬鹿げています。

劉欣氏は、「中国中央政府はダライ・ラマの称号を剥奪《はくだつ》できる。歴史上、ダライ・ラマの称号剥奪は三回あった」と述べました。この発言は、露骨な嘘、完全なる捏造です。番組中の劉欣氏の発言で正しかったのは、「体がノミだらけになると、痒《かゆ》みがなくなる」という発言のみです。それ以外の発言はすべて捏造です。これほどまでに大きく歴史を歪める発言は、まじめに検証する必要もありません。中国共産主義の下で生まれ育った劉欣氏は、信教の自由、輪廻転生ついて浅はかな知識しか持っておらず、その吹き込まれた考えを正す機会がなかったのかもしれません。したがって、「もっと勉強する」必要がある人間がいるとすれば、それは、アメリカ議員ではなく、劉欣氏です。

中国国際問題研究所の張騰軍研究員は、記事の中で、「アメリカの反中法案は、アメリカがフェアプレーをする勇気が欠如していることを示すものだ」[※7]と述べ、チベット政策支援法案を非難しました。張騰軍氏はさらに、「アメリカは繰り返し中国の内政に干渉している。新疆（ウイグル）、チベット、香港、台湾を標的とした法案を提出している」と述べました。今、現実に起きているのは、東トルキスタンににおける百万人超のウイグル人の強制収容、[※8]チベットにおける弾圧政策と文化的ジェノサイド、[※9]不安定さを増す香港、台湾総選挙での蔡英文総裁の勝利です。これらは、中国共産党の政策の失敗を示すものです。アメリカの干渉とは何の関係もありません。すべては、中国共産党が自ら撒いた種なのです。

中国の孫衛東駐印大使は、インド民衆をミスリードするため、不都合な真実を覆い隠す耳触りのいいプロパガンダを新たに発しました。それは、インディアン・エクスプレスの「平和的発展という中国の選択は、世界平和への貢献に基づいている」[※10]と題する記事です。孫衛東氏は、中国という獰猛《どうもう》な巨龍から誰にも愛されるような子羊を誕生させたようです。孫衛東氏は次のように述べています。「平和と調和の追及は、中国の精神世界に深く根差している」

中華人民共和国の建国以降、中国およびその支配地域では、僧院、教会、モスクなどの大規模破壊が行われました。[※11]チベットだけでも六千以上の僧院、尼僧院が破壊されました。宗教的迫害は今なお続いています。[※12]また、法輪功信者への臓器狩りも密かに行われています。チベットの僧院は、無宗教の中国共産党員によって厳重に管理監督されています。僧侶たちは中国共産党への忠誠を誓わされ、ダライ・ラマ法王を非難するよう強いられています。[※13]孫衛東氏の言う「平和」、「調和」、「精神世界」とは何なのでしょうか。

孫衛東氏は次のようにも述べています。

「中国には、植民地主義や拡大主義の歴史はない」

「中国は、覇権主義、勢力範囲の拡大を目指すことはない」

チベットは、中国により違法に占拠され、植民地化されたのではなかったでしょうか。中国の統治下で百二十万人のチベット人が命を落とし、ダライ・ラマ法王が亡命を余儀なくされた原因は何でしょうか。インド国境地域での一九六二年の攻撃、および最近の軍事的威嚇についてはどうでしょうか。[※14]南シナ海での領土拡大についてはどうでしょうか。[※15]一帯一路構想をちらつかせ、東南アジアおよびアフリカに借金の罠をしかけている点についてはどうでしょうか。[※16]海外に孔子学院を開設する一方、閉鎖に追い込まれた孔子学院があるのはなぜでしょうか。[※17]

また、今、中国はネパールで何をしているのでしょうか。[※18]中国はネパールに圧力をかけ、ネパールに亡命したチベット難民を強制送還させています。

「中国の分裂を試みた者は、いかなる国にいようとも、跡形もなく消し去られることになる」[※19]

このように、習近平はネパール政府を脅迫し、チベット人引き渡し条約に調印させたのです。これが「平和的発展の道、ウィン・ウィンの解放戦略」と言えるでしょうか。

台湾と香港の人々は声を上げています。その声はさらに大きくなっていくでしょう。民主主義、民衆による政治を求める時が来たのです。

今(二〇二〇年二月)、中国共産党の喫緊の問題は、新型コロナウィルスです。中国政府は、医師や犠牲者の声を黙殺してきました。[※20]中国政府は、人々の声を黙殺するのではなく、WHOと協業してウィルスを封じ込めるべきです。新型コロナウィルスもまた中国の内政問題ではありません。

註

※1 https://tibet.net/cta-president-thanks-the-us-house-for-passing-thetibet-bill-with-overwhelming-bipartisan-support/

※2 https://news.cgtn.com/news/2020-01-31/U-S-lawmakers-please-doyour-homework-on-Tibet-NHLbxmuHQI/index.html

※3 http://www.xinhuanet.com/english/2020-01/29/c_138741913.htm

※4 https://www.globaltimes.cn/content/1177961.shtml

※5 https://news.cgtn.com/news/2020-01-31/U-S-lawmakers-please-doyour-homework-on-Tibet-NHLbxmuHQI/index.html

※6 https://www.globaltimes.cn/content/1177961.shtml

※7 https://www.globaltimes.cn/content/1178365.shtml

※8 https://www.nytimes.com/2019/12/30/world/asia/china-xinjiang-muslims-labor.html

※9 https://www.economist.com/asia/2019/12/10/chinas-successful-repression-in-tibet-provides-a-model-for-xinjiang

※10 https://indianexpress.com/article/opinion/columns/peaceful-development-is-chinas-strategic-choice-6240073/

※11 https://nypost.com/2020/02/01/how-chinas-xi-jinping-destroyed-religion-and-made-himself-god/

※12 https://www.mirror.co.uk/news/uk-news/surgeon-who-harvested-organs-slaughtered-21040274

※13 https://www.rfa.org/english/news/tibet/loyalty-09262019160150.html

※14 https://www.theweek.in/news/world/2020/01/06/chnas-pla-begins-major-military-exercises-in-tibet.html

※15 https://foreignpolicy.com/2019/08/19/chinas-south-china-sea-militarization-has-peaked/

※16 https://qz.com/1223768/china-debt-trap-these-eight-countries-are-indanger-of-debt-overloads-from-chinas-belt-and-road-plans/

※17 https://www.bbc.com/news/world-asia-china-49511231

※18 https://english.khabarhub.com/2020/21/70076/

※19 https://english.khabarhub.com/2020/21/70076/

※20 https://gnews.org/99872/

第六章

中国政府が主張する「最も安全な都市」ラサ、その実態

本章の記事は、2019年3月7日に、https://tibet.net/tibet-has-never-been-an-internal-affair-of-china-information-secretary-tg-arya/ に掲載されたものです。

仏教徒にとって最も神聖な場所、ラサのジョカン僧院。中国当局の常時監視下にある。

中国政府の広報誌である環球時報は、チベットの中心都市ラサが革新的な社会管理を通じて最も安全な都市になったと報じました。中国の三十八の主要都市の中でラサが最も安全だと中国社会科学院が発表したのです。ラサは、二〇一三年にも一位になっています。「安全と満足を感じている（ラサの）市民が九十九％を超えている」と中国社会科学院は述べています。文字通りに解釈すると、喜ばしいニュースです。チベットの現状を知らない人たちは、このニュースを額面通りに受け取ってしまうかもしれません。しかしながら、実態は違います。中国政府がいかにアピールしても、このニュースの内容に実態は反映されていません。

二〇一九年二月以降、チベットは外界から閉ざされています。AP通信などのメディアは、外国人旅行者は四月までチベットに入れないと報じています。チベットへの立ち入り禁止は公式には発表されていないようです。しかし、当局は、旅行代理店に対し、外国人を入れないよう指示しています。中国政府の言うようにラサが最も安全な都市なのだとしたら、なぜこのような規制が必要なのでしょうか。

問題を解く鍵は、治安部隊、スパイ、私服を着た人民解放軍の兵士、監視カメラ、戦車の数にあります。これらが大量にラサに配備されているために、ラサは最も安全な都市になっているのです。ラサは包囲されていると言っても過言ではありません。最近ラサを訪ねた旅行者は次のように語っています。

「厳しい監視について誰かに尋ねることはできませんでした。身の危険を感じたからです。観光客が乗る車両には監視カメラとGPS追跡機、盗聴器がついていました。私たちの行動、会話は治安部隊に常時監視されていたのです」

「チベットには治安部隊が大規模配備されており、外国人ジャーナリスト、外交官から閉ざされています。チベットの現実の情報を手に入れるのは困難です」

このような戒厳令のような状況の下で、チベット人は息が詰まるような暮らしを送っています。

今年（二〇一九年）、チベットの新年ロサルを伝統通りに祝うことは禁じられました。ロサルの祝賀は厳しく監視され、「恐怖と脅迫」の空気がつくられていました。政府で働くチベット人は、ロサルを祝うことも、僧院を訪れることも禁じられました。これは、「少数民族の宗教と文化の権利を保証する」とする国際人権基準および中国の憲法第四条に違反しています。

この時期に外国人のチベット立ち入りを禁じる理由は容易に推測できます。一九五九年三月十日のチベット民族蜂起から六十年にあたるからです。チベット人の抗議活動を抑え込むため、毎年この時期に、中国当局は同様の規制を行います。一九五九年の民族蜂起では、中国のチベット侵攻に抗議する人々がラサに集いました。しかし、中国当局のマシンガンで残忍に弾圧され、多くの人が命を落としました。そして、ダライ・ラマ法王はインドへの亡命を余儀なくされました。

中国のチベット侵攻から六十年がたちます。中国がチベットを解放し、中国共産党の統治下でチベット人は幸福を享受しているというのが中国政府の主張です。しかし、実態は違います。長きにわたる中国政府のジェノサイドで、百二十万人超のチベット人が命を落とし、六千超の僧院が破壊され、多くの経典が焼き払われたのです。

中国の残虐さ、文化的ジェノサイドは、新たな段階に入っています。チベット僧院では若者への教育が禁じられています。人々は、習近平の写真の前で五体投地をさせられ、捧げものを供えさせられています。学校教育で使われる言語は、チベット語から中国語に代わりました。

また、百五十三人超のチベット人が焼身自殺という手段で抗議を行っています（訳注：二〇二三年五月時点での焼身抗議者は百六十一人になっている）。彼らは、悪化するチベットの状況を中国政府の指導部や国際社会に訴えるために自らの体に火を放っているのです。しかし、中国政府は、焼身抗議者の家族、親族に厳しい弾圧を加えています。

中国政府がチベットに新たな強制収容所を建設しているというニュースも伝わってきています。このことは、さらに厳しい弾圧が迫っていることを示すものです。これまでチベットで起きたことが今ウイグルで起きています。そして、チベットでも再び起きようとしています。

ダライ・ラマ法王は、機会あるごとに、「チベットは独立を求めず、中国の憲法で謳《うた》われている高度な自治を求める」と述べておられます。国際社会ならびに中国の市民がダライ・ラマ法王の中道政策を支持しているにもかかわらず、中国政府は中道政策を理解していません。そして、民族蜂起から六十年がたった今、チベットは事実上の戒厳令下に置かれています。

中国がチベットを本当に中国の一部にしたいのなら、チベットとチベットの人々に対し十分な敬意を払うべきです。チベット人は、言語、宗教、文化の真の自由を手にしなければなりません。中国政府がすべきことは、チベットを閉ざし、規制を敷くことではありません。チベット人の苦しみを理解し、対処することです。こうすることで、チベットとチベット人はより中国政府に近い存在となります。その結果、中国政府がチベットの安全性について捏造を行う必要はなくなるのです。

第七章

一九四九年以前、チベットが中国の一部であったことは一度もない

本章の記事は、2019年3月20日に、https://tibet.net/tibet-has-never-been-a-partof-china-anywhere-in-its-pre-1949-history/ に掲載されたものです。

写真：Asia news

中国共産党の広報誌である環球時報の徐海林記者は、最近、「チベットに関する西洋メディアの報道は偏見に満ちている」という記事を記しました。この記事は西洋メディアの無知とミスリードを批判していますが、皮肉なことに、この記事は徐海林記者自身の無知とミスリードを明らかにするものになっています。

記事の第一段落には次のように記されています。

「古より、チベットは中国の不可分の領土である。これは、チベット問題を語る際の前提である。この前提を無視した議論は利己的なエンターテインメントに過ぎず、チベットに関する正しい包括的な理解を生むことはない」[※1]

チベットは古からの独立国であり、一九四九年に中国の侵攻を受けるまで中国の一部になったことはありません。「古より、チベットは中国の不可分の領土である」ことが議論の前提であるというような恥ずべき発言を人前ですべきではありません。このような発言をする中国政府は表に出てくる必要はありません。万里の長城の草むらにでも身を隠していればいいのです。

最初のチベット王ニャティ・ツェンポ（紀元前四〇〇年頃）[※2]の後、九世紀まで四十三人の王がチベットを統治してきました。その後、サキャ派の僧侶、パグモドゥ派、リンプン派、ツァン派、そして、ダライ・ラマが、一九五九年までチベットを統治しました。そして、一九五九年に、中国の完全なチベット統治が完成しました。一九五九年まで、チベットは、インド、中国、モンゴル、ネパールという隣国との間で、戦争をしたり、和平を結んだり、様々な関係にありました。中国政府がいかに歴史を歪めようとしても、七世紀にチベットのソンツェン・ガンポ王の武力を前にした唐の太宗が娘文政公主をソンツェン・ガンポ王に嫁がせた事実は否定できません。

七六三年、ティソン・デツェン王の時代には、チベット軍は唐の都長安を落とし、親チベット的な広武王李承宏を皇帝に擁立しました。八二一年、ティ・ラルパチェン王の時代には、チベットと中国の間で平和協定が結ばれました。協定には、「チベット人はチベットで、中国人は中国で幸せを享受する。両者は互いを侵攻してはならない」と記されていました。これらの出来事については、三つの石碑に刻まれました。石碑は、長安、ラサおよび国境のグング・メルに建てられました。ラサにある石碑は、今なお歴史的事実を映し続けています。

十三世紀になると、チベットと中国の両方がモンゴルの影響下に入りました。しかし、中国がモンゴルの直接統治を受けたのに対し、チベットはチュ・ユンの関係の下、高度な自治を謳歌しました。その後、一三五〇年に、チベットはモンゴルの影響下から脱しました。中国がモンゴルの影響下から脱したのは、それより後の一三六八年のことです。したがって、中国が元朝からチベットを引き継いだという中国政府の主張は事実無根です。

十七世紀半ばから、ダライ・ラマによる統治が始まりました。モンゴル、中国、ネパールの影響を受けることもありましたが、チベットの独立を脅かすほどではありませんでした。また、グレート・ゲーム（訳注：中央アジアをめぐるイギリスとロシアの戦略的抗争）に気付いたダライ・ラマ法王十三世は、一九一三年二月十三日にチベットの独立を宣言しました。

中華人民共和国の建国以前にチベットが中国の一部であったという公式文書は存在しません。[※3] 中国の指導部と学者はこのことを認識すべきです。中国史の専門家刘汉城教授はプレゼンテーションの中で、明朝および清朝の公式文書の中でチベットは海外の国と記録されていると述べました。そして、教授は、「一九四九年以前に、チベットが中国の一部であったことは一度もない」と大衆に向かって演説しました。[※4]

したがって、「古より、チベットは中国の不可分の領土である」とする徐海林氏の記事は誤りであり、歴史歴事実から逸脱しています。

中国政府は、「百万人の農奴を解放した。民主主義、人権、チベット語を啓蒙している」と主張します。もしこれらの主張が真実だとすれば、なぜチベットへの立ち入り規制が必要なのでしょうか。なぜ今なおチベットは閉ざされているのでしょうか。なぜ治安部隊、戦車、監視カメラ、規制、逮捕が増えるのでしょうか。なぜ新たな強制収容所が建設されるのでしょうか。[※5]

中国の楽玉成中国外交部筆頭副部長は、国連人権理事会で、「チベットは安定と発展を享受している。チベット人は自由で幸せな生活を謳歌している」と述べました。[※6] この発言が真実だとすれば、なぜ中国は国連人権理事会使節のチベット訪問要求を拒否するのでしょうか。

中国政府は、これらの「なぜ」に応えなければなりません。チベット人と国際社会に対して正直にならなければなりません。チベットに関する業績やチベット人の幸福をアピールする前に、まず、これらのことを実行しなければなりません。

註

※1 http://www.globaltimes.cn/content/1141702.shtml

※2 'Bri gung skyabs mgon, Bod brtsan po' i rgyal rabs, p-73

※3 https://www.icsin.org/activity/show/what-do-chinas-pre-1949-officialauthoritative-documents-say-about-beijings-claim-of-sovereignty-over-tibet

※4 http://www.thetibetpost.com/en/features/education-and-society/6142-tibet-has-never-been-a-part-of-china-chinese-professor

※5 https://theprint.in/defence/china-claims-it-has-no-gulags-but-satelliteimagery-shows-3-new-ones-coming-up-in-tibet/190940/

※6 https://tibet.net/2019/03/chinas-deputy-foreign-minister-to-the-unhuman-rights-council-tibetans-enjoy-a-free-and-happy-life/

第八章

中国政府は
ダライ・ラマ法王に対する
非難をやめよ

本章の記事は、2019年3月25日に、
https://tibet.net/chinese-communist-leadership-should-stop-its-tirade-against-his-holiness-the-dalai-lama/ に掲載されたものです。

呉英傑チベット自治区共産党委員会書記（資料映像）

中国政府の指導部はしばしばダライ・ラマ法王を分裂主義者と非難します。しかし、中国政府の指導部や地方の指導者の発言を研究してみると、ダライ・ラマ法王への非難は逃げ口上であることがわかります。

環球時報に、「ダライ・ラマの分裂活動の目論見に中国政府は闘い続ける」という記事が出されました。※1 これは、ダライ・ラマ法王への悪意ある非難です。また、呉英傑チベット自治区共産党委員会書記は、第十三回全国人民代表大会で、「ダライ・ラマはチベットにとっていいことを一つもしていない」と述べ、ダライ・ラマ法王を分裂主義者、地域の安定に対する危険人物と非難しました。

中国の公式な会合でのダライ・ラマ法王への敬意を欠いた中傷は、チベット内外に暮らすチベット人の考えとは相容れないものです。チベット人の信念、そして、平和と非暴力の提唱者としてのダライ・ラマ法王への国際的な評価を考えると、呉英傑氏の発言は中身のない攻撃的な罵倒と言えます。チベットと中国の交渉や対話の希望を砕くための意図的な発言とも取れます。チベット人と中国人の不和を増大させる狙いがあると言えます。

一九七四年以降、ダライ・ラマ法王は、チベット問題の解決策として中道の概念を掲げてこられました。この政策は、後に、中道政策として世界に知られるようになります。この政策は、チベット亡命政権議会で賛同を得て、内閣で採択されています。

二〇〇八年には、中国とチベットの第八回円卓会議の場で、全チベット民族が名実共に自治を享受するための草案が、チベット側から中国政府の指導部に対して提出されました。この覚書の要点は、チベットは中国からの独立を求めない代わりに、中国はチベットでの弾圧政策をやめ、中国の憲法[※2]で規定されているような信教、言語、文化の自由をチベット人に与えるというものです。

覚書には次のように記されています。

「中道政策の本質は、中国の憲法の範囲内で、チベットの高度な自治を保障するものです。これは、チベット人と中国人の双方に恩恵をもたらし、双方にとって長期的な利益となります。私たちは、チベットの分離や独立を求めないことを固く誓います。私たちは自治を通じてチベット問題の解決策を見出したいと考えています。これは、中華人民共和国憲法に謳《うた》われている原則とも相容れるものです」[※3]

覚書は、チベット人の願いと基本的ニーズを説明したものです。覚書に記されている要求は、中国の民族区域自治法[※4]の内容と合致しています。ダライ・ラマ法王とチベット亡命政権は、チベットの分離独立は求めていないのです。

覚書を目にした中国人の学者、作家、メディア関係者、一般市民は、チベット側の真に融和的な姿勢を歓迎し、感謝しているのです。多くの人がダライ・ラマ法王を訪ね、中道政策への支持を表明しています。また、中国政府が検閲を行っているにもかかわらず、中国の学者によって中道政策を支持する九百以上の記事が執筆されています。[※5]多くの海外の指導者、国際社会からも中道政策は支持されています。

しかしながら、中国政府はチベット側の誠実な姿勢を拒絶し、ダライ・ラマ法王を分裂主義者として罵倒し続けています。覚書を誤読し、ダライ・ラマ法王を批判することにより、中国政府の指導部は意図的に中国人とチベット人の間に不和をつくり出しているのです。

チベット問題の解決のために、チベット亡命政権は調和的な雰囲気を醸成すべく全力を尽くしてきました。しかし、中国政府の指導部は、平和と対話への道筋をすべて閉ざしています。彼らの言う分裂主義者とは一体誰のことでしょうか。

呉英傑氏は「ダライ・ラマはチベットにとっていいことを一つもしていない」と発言しましたが、十七か条協定の締結以降、ダライ・ラマ法王はなるべく中国政府の言い分を受け入れようと尽力してこられました。また、この六十年間で中国政府が根絶やしにしようとしてきたチベットの宗教、文化、言語、アイデンティティは、今、亡命先で花開いています。これはひとえにダライ・ラマ法王のご尽力によるものです。中国政府の専制的で残忍な統治を受けても、ダライ・ラマ法王が提唱する非暴力の精神で、チベット人は立ち上がります。

中国政府がチベットで破壊した物を、チベット人は亡命先で再興させています。中国政府は市民に民主主義も人権も与えませんが、チベット人は健全な民主主義を築き上げ、みなが平等な権利を享受しています。中国政府の指導部にチベット問題を真剣に解決する意思があるのであれば、地方の指導者がダライ・ラマ法王を根拠なく批判するのを止めなければなりません。人民解放軍の武力と脅迫の下、チベット人は声を上げることができません。しかし、チベット人の心の中では、中国政府は信念に対する敵だという思いが増しているのです。

註

※1 http://www.globaltimes.cn/content/1142114.shtml

※2 中華人民共和国憲法第四条
https://www.wipo.int/edocs/lexdocs/laws/en/cn/cn147en.pdf

※3 Middle Way Policy and All Related Documents, p-20, DIIR, India

※4 Law on Regional National Autonomy: http://www.china.org.cn/english/government/207138.htm

※5 Middle Way Policy and All Related Documents, p-12, DIIR, India

第九章

中国指導部がチベット特使との対話を避ける理由

本章の記事は、2019年7月5日に、https://tibet.net/why-chinese-leadership-isavoidingtalks-with-the-tibetan-representatives/ に掲載されたものです。

朱維群中国共産党統一戦線工作部元副部長（写真：新華社通信/Rex Features）

中国共産党統一戦線工作部元副部長で民族宗教委員会元会長の朱維群氏は、最近の環球時報の記事の中で、ダライ・ラマ法王を次のように非難しました。

「ダライ・ラマとの無条件交渉は不可能だ」

また、朱維群氏は、同記事の中で、アメリカのテリー・ブランスタッド駐中国大使が内政干渉を行っていると非難しました。

二〇一九年五月、テリー・ブランスタッド大使は、チベットを訪問しました。そして、チベット問題解決のため、ダライ・ラマ法王特使との実りある無条件対話の必要性を訴えました。

朱維群氏は、二〇〇二年から二〇一〇年にかけて、中国とチベットの対話の主要メンバーでした。この間の対話は、実のある結果を産みませんでした。

本章では、中国とチベットが対話を継続するために朱維群氏と中国政府の指導部が求める前提条件について検証したいと思います。過去に行われた九度の対話ではチベット側は具体的な成果を得られませんでしたが、中国側には大きな恩恵がありました。第一に、対話を行っている間、国際的な非難を封じることができました。第二に、二〇〇八年に北京オリンピックを開催する権利を得ることができました。第三に、チベット人が求めていることを理解することができました。これが最も重要な点です。

第一、第二のポイントが中国にとってのメリットであることは明らかです。しかし、第三のポイント、つまり、チベット側からの「高度な自治」の要求については、メリットであったと同時に、中国政府の指導部はアドレナリンがほとばしるほどの衝撃を受けました。「高度な自治」は中国の憲法に沿ったものであったため、拒否すれば憲法違反となり、中国の市民および国際社会から抗議を受ける可能性があったからです。そのため、中国政府は、チベット側の要求を捻《ね》じ曲げて解釈するという狡猾《こうかつ》な策を取りました。中国側は、チベット側の要求を、「偽装した独立要求」、「大チベットの要求」、「チベットからの中国人追放要求」などと呼び、チベット側の提案を拒否しました。なお、中国の市民及び多くの指導部は、チベット側の要求の内容を今なお知りません。

二〇〇二年から九度にわたってチベットと円卓会議を行ってきた中国は、交渉に入るための法的に強い根拠がないことに気付きました。チベットの支配は軍事侵攻によるものでしたし、侵攻の口実に使った十七か条協定はチベット側に強要したものでした。一方、チベット側の要求は、中国の憲法とも十七か条協定とも矛盾しないものでした。すなわち、真実と正義はチベット側にあるのです。そのため、合法な交渉を行えば中国政府に不利になる可能性があります。このような状況の下、中国側はチベットとの交渉の前提条件をでっち上げたのです。

朱維群氏が出した前提条件は二つです。一つ目は、「交渉は、中国中央政府とチベット亡命政府（現チベット亡命政権）の間のものではない。チベット人と漢人の間のものでもない。チベットと中国の間のものでもない」というものです。二つ目は、「チベットと台湾が中国の不可分の領土であることをダライ・ラマが受け入れ、すべての分裂活動と破壊活動をやめる」というものです。

この二つの前提条件から見えてくることは、中国側がチベット側とのさらなる対話を回避する意図があるということです。問題を解決しようとする中国政府側の真剣な意図がないことは明らかです。朱維群氏の「ダライ・ラマとの無条件交渉は不可能だ」という発言は、チベットとの対話を閉ざしたい中国政府指導部の意図が現れたものです。自由で公正な対話はチベットに分があるからです。

また、ダライ・ラマが高齢になるにつれチベット問題が色あせることを中国政府の指導部が願っていることも明らかです。しかし、中国政府が「チベット問題は存在しない」と主張しても、チベット問題はなくならないのです。

中国政府は、自身を、強大な軍事力と経済力を持った無敵艦隊と考えています。一方、ダライ・ラマ法王とチベット人が持っているのは真実という力だけです。この話を聞いて、みなさんは、聖書のダビデとゴリアテの話を思い出したことでしょう。若き少年ダビデが巨人ゴリアテを打ち負かした話です。最近、中国でサッカーするためにビザを申請したニュージーランド生まれのチベット人のハーフの十四歳の少年がいました。この少年へのビザ発給を中国領事館は拒否しました。中国政府とこの少年は、ゴリアテとダビデそのものです。

この事実が示すのは、中国政府はチベットとチベット人を恐れる弱い存在だということです。本来、罪悪感がある人は胸を痛めるはずです。しかし、中国政府は違います。中国政府は軍事力と経済力があるにもかかわらずチベットを警戒していることを、十四歳の少年の事例は示しています。一方、チベットはどうでしょうか。チベット人の精神性の高さについては、今さら言うまでもないでしょう。

チベット問題は存在しないという朱維群氏の発言は誤りです。チベット問題は確かに存在します。チベット人が最後の一人になったとしても、チベット問題は続きます。

中国政府がすべきことは、歴史を歪め、ダライ・ラマ法王を非難することではありません。現実を受け入れ、中国の憲法で謳《うた》われているようにチベットに正当な自治を与えることです。

第十章

中国の防衛白書

真実を覆い隠す嘘

本章の記事は、2019年7月26日に、https://tibet.net/chinas-white-paper-on-national-defense-a-sugar-coated-sabre/ と https://timesofindia.indiatimes.com/readersblog/khawaripa-speaks/chinas-white-paper-on-national-defense-a-sugar-coated-sabre-4784/ に掲載されたものです。

（写真：環球時報）

今、香港では、混乱が増しています。台湾では、独立を求める声が高まっています。チベットとウイグルでは文化的ジェノサイドが吹き荒れています。また、米中貿易戦争も過熱しています。このような情勢の中、二〇一九年七月二十四日、中国政府は、「新時代的中国国防」と題する白書を発表しました。中国政府の広報機関である新華社通信と環球時報は、ただちに白書の内容を忠実に報道し、正当化しました。

白書は六章から成っており、その英語版は五十一ページにおよんでいます。白書には、国防と軍を強化する必要性が記されています。白書の目的については次のように記されています。

「国際社会が中国の国防をより理解できるよう、中国の国防政策について解説し、国防と軍を強化するための実践、目的、重要性について説明する」

白書には、「平和は、世界中の人々が希求する共通の願いである」と記されています。白書では、平和、協調、発展について多くが述べられていますが、これは、中国軍の活動を正当化するためのものです。さらに、白書では、台湾に対する厳しい警告が出され、チベットとウイグルにいたっては国家の安全の危機と位置付けられています。香港については意図的に記述されていないようですが、香港もまた潜在的な標的になっているはずです。

「中国は覇権主義、拡張主義、勢力範囲の拡大は目指さない」と白書に記されていることは歓迎すべきことです。この記述が真実であることを誰もが強く願っています。しかし、これまでにチベットに関して出された白書の中で、中国政府は、事実や歴史を意図的に歪めてきました。このことを考えると、中国のオブザーバーや国際社会は、中国の白書を額面通りには受け取らないでしょう。

中国は覇権主義を目指さないと白書には書かれていますが、チベットのように違法に統治されている場所についてはどうなのでしょうか。また、アメリカの共和党国際研究所の二〇一九年の報告書「中国の悪しき影響と民主主義の腐敗」によると、中国の一帯一路の債務トラップにより港、メディア、経済、民生を乗っ取られた発展途上国が十二か国あるということです。これらの国々についてはどうなのでしょうか。

白書には、「中国がどれだけ発展しようとも、他国を脅かしたり、勢力範囲の拡大を目指したりすることはない」と記されています。しかし、最近、中国はネパールに干渉し、圧力を強めています。これにより、ネパールに暮らすチベット人は、手《て》枷《かせ》足《あし》枷《かせ》をされた状態となり、声を上げることも、移動することもできなくなっています。身柄が中国政府に引き渡されることもあります。これは、中国が自身の勢力範囲を超えて活動していることを示しています。最近、チベット系アメリカ人がネパール移民局によりネパールから強制追放されました。このことは、ネパールの民政に中国の独裁主義が影響していることを示しています。

また、白書には、「中国は脅迫を行わない」とも記されています。しかし、最近、中国当局は、ダライ・ラマ十四世の転生者について中国共産党の決定を支持するよう、インドに警告しています。

白書には、「七十年前の建国以来、中華人民共和国は、いかなる戦争や対立も始めたことがない」とも記されています。チベットは、一九五〇年に違法占拠されたのではなかったでしょうか。中国の統治下で百二十万人のチベット人が命を落とした原因は何でしょうか。ダライ・ラマ法王が亡命を余儀なくされた原因は何でしょうか。一九六二年の中印国境紛争で理不尽にインドを攻撃した点についてはどうでしょうか。これ以降も、インド国境を越えて何度も侵攻を繰り返しています。最近では、二〇一七年、ドクラムで膠着《こうちゃく》状態となりました。

ここで、重大な謎があります。それは、中国がなぜこのタイミングで国防白書を出したのかという点です。最近の中国を取り巻く状況を分析すると、市民の抗議を封じ込めるために軍を使うという中国の意図が透けて見えます。この点に香港は警戒する必要があります。白書は、台湾独立の動きについて、好戦的な口調で警告しています。また、チベットとウイグルについては、中国の安全と社会の安定に対する危機と記しています。

また、白書は、アメリカの政策が一方的であると声高に非難しています。トランプ政権が航行の自由の原則に基づいて南シナ海での活動を活発化させていることを白書は批判しています。しかし、アメリカの活動を活発化させた原因が何かを中国は省みるべきではないでしょうか。平和だった南シナ海と東シナ海を最初にかき乱したのはどこの国だったでしょうか。南シナ海および東シナ海にある国の中で、中国の振る舞いに異を唱えない国はあるのでしょうか。

白書の恐ろしい点は、環球時報が報じた内容です。環球時報は白書の目的について次のように記しています。

「中国共産党の指導部と社会主義体制を一体化させ、国家の主権、団結、領土の保全を確かなものにし、中国の海洋権益を保護し、世界平和と発展を促進させることが中国人民解放軍のミッションである。このミッションが初めてこの白書で定義された」

上記の報道は、中国共産党と考え方を異にする人々に悪い予感を抱かせます。チベットとウイグルは中国軍の完全な統治下にありますが、軍の弾圧がさらに強まることが予想されます。ウイグルには大規模な強制収容所が建設されています。同様の収容所がチベットに建設される日も遠くないかもしれません。

白書は香港と台湾を差し迫った標的としています。中国政府は、香港、台湾での軍事行動について海外からの賛同を間接的に求めています。香港、次いで、台湾に中国軍が送り込まれる日は近いというメッセージを中国は国際社会に発しているのです。

第十一章

中国の人権白書

露骨な茶番

本章の記事は、2019年9月24日に、https://tibet.net/chinas-white-paper-on-human-rights-a-blatant-farce/ に掲載されたものです。

2019年9月22日に国務院新聞弁公室が発行した白書「人民の幸福のために：中国の人権の70年間の向上」（写真：中国中央電視台）

二〇一九年九月二十二日、中国の国務院新聞弁公室が、この七十年間の中国の人権の向上に関する白書を発表しました。白書のタイトルは、「人民の幸福のために：中国の人権の七十年間の向上」でした。[※1] この白書は、十月一日の中華人民共和国建国七十周年を祝う序章と見ることができます。白書は八章から成り、最初の四章は毛沢東から習近平に至るまでの歴史的発展を薔薇《ばら》色の写真とともに紹介しています。

第五章は、チベットを含む少数民族地域の人権を主に扱っていますが、内容はすべて無理な主張です。残りの三章は、人権を世界的に広めるために中国がいかに「責任を持って」貢献していくかについて述べています。

白書の内容がすべて真実だとすれば、中国政府の指導部はノーベル平和賞を受賞するでしょう。白書が真実であってほしいと多くの人が願っていますが、あいにく、白書の内容は完全なる茶番です。白書には、一九四九年の中華人民共和国の建国以来、中国の人権状況は著しく向上したと記されています。大躍進政策、飢饉《ききん》、文化大革命、天安門事件で中国人や少数民族が味わった悲劇や苦痛については何の記述もありません。これらは過去の出来事として、封印されているのです。

白書には、少数民族は完全なる自治を享受し、自治地域の指導者たちは現地の民族のみから構成されていると記されています。また、自治地域の教育は向上し、民族の言語は保護されているとも記されています。

六十年間にわたり中国の統治を受けてきたチベットの実体は白書の内容とはまったく異なります。チベット自治区の共産党書記十四人は中国人でした。副書記には数人のチベット人が任命されましたが、名ばかりで実権はありませんでした。行政の意思決定のほとんどは中国人の役人によって行われました。さらに、チベット語は、中国人の手によって、チベット内ですら第二言語になってしまいました。就職やビジネスの場で、中国語能力が重視され、好まれているのです。僧院で子供たちにチベット語を教えることも禁じられています。

また、白書には次のような記述もあります。

「少数民族の宗教の自由は守られている。輪廻転生制度はチベット独自の制度で、国および自治地域の様々なレベルの政府から尊重されている」

しかし、実際は、チベット人の宗教と文化の権利は総じて侵害されています。チベットの高僧の輪廻転生は、非常に神聖なものです。無宗教で精神世界を信じない中国共産党がこの件に介入する権利はないのです。国家宗教事務局令第五号は、チベット仏教徒を大いに侮辱するものでした。中国政府は、ダライ・ラマ法王の転生者の選定への干渉をやめるべきです。先月、中国政府は、転生問題に関するワークショップを百人余りのチベット僧に対して行いました。しかし、ワークショップとは名ばかりで、実際は、中国共産党の指示に従うよう僧侶を脅迫する内容でした。中国政府がチベット仏教への干渉を行えば、チベット人の中国政府への不信は増し、距離を置くようになるでしょう。

白書の最後の三章は、中国がいかに法による統治を強化してきたか、いかに国際的な人権の枠組みに参加してきたか、いかに世界の人権問題解決を前に進めてきたかについて記されています。世界の人権状況を注視している人がこの白書を読めば、きっと吹き出してしまうことでしょう。

中国政府が何を主張しようと、真実はすべての人が目にしています。今、香港で起きていることを見ればわかるでしょう。一九九七年に香港が中国に返還された際の約束を中国政府が守らず、弾圧を行っていることに、人々は抗っているのです。これは、一九五一年にチベットと中国の間で結ばれた十七か条協定締結の際の状況に似ています。

白書では、中国政府が世界の人権問題の解決を前に進めてきたと記されています。しかし、国連フォーラムの場でチベットの人権問題が取り上げられるのを、中国政府は一貫して妨害しています。今年二月、中国使節は、ダライ・ラマを含む十五人の人権活動家を国連人権理事会の年次セッションに参加させないよう求める書簡を国連に送りました。[※2] また、ウイグル人の声を押さえつけるべく他の独裁者と手を組んでロビー活動を行っています。

アメリカの外交問題評議会は次のように述べています。

「中国は他国にも圧力をかけている。特に、経済的に一帯一路構想に依存する国に対してだ。昨年の普遍的・定期的レビュー（五年おきに国連人権理事会が各国の人権状況を検証する審査）の際、中国は他国に対し中国にポジティブな評価をするよう求めた。そして、中国を批判した場合はそれ相応の結末が待ち受けていると脅迫した。また、政府がスポンサーになっている代表団の国連フォーラムへの参加・発言は認めながらも、重要なNGOや活動家の参加を中国政府は妨害した」[※3]

一言で言えば、この七十年間で中国の人権状況が改善したと主張する中国政府の白書は、中国および中国が占拠した土地、とりわけ、チベットにおけるあらゆる人権侵害をごまかすための恥ずべき試みです。

中国政府が、「中国の人権保護の輝かしい歴史」、「チベットの社会主義パラダイス」という主張を真剣に続けるのであれば、中国政府は、国連人権員会、外交官、メディア、チベット亡命政権特使がチベットを訪れ、現地の状況を評価するのを認めるべきです。国家の設立七十周年という重要な節目に、野心にあふれた超大国が、偽装された白書で虚偽の主張を行うのは見苦しいことです。

註

※1　Seeking Happiness for People: 70 Years of Progress on Human Rights in China, http://www.xinhuanet.com/english/2019-09/22/c_138412720.htm

※2　China, Saudi Arabia, Venezuela in hot seat at U.N. rights forum, https://www.reuters.com/article/us-un-rights/china-saudi-arabia-venezuelain-hot-seat-at-un-rights-forum-idUSKCN1QB1S8

※3　Council on Foreign Relations, Is China Undermining Human Rights at the UN? https://www.cfr.org/in-brief/china-undermining-human-rights-united-nations

第十二章

中国大使の
チベットに関する誤った声明

本章の記事は、2019年11月14日に、https://tibet.net/chinese-ambassadors-statement-on-tibet-misleading-and-not-true/ に掲載されたものです。

2017年7月1日、中国共産党設立九十六周年を祝して、チベット自治区ラサのポタラ宮に掲げられた中国国旗（写真：ロイター 何鵬蕾）

二〇一九年十一月六日、中国の孫衛東駐印大使は、インドのヒンダスタン・タイムズに「中国のチベット：発展のストーリー」と題する記事を発表しました。この内容は誤りで、誤解を生むものです。この記事の内容は、中国政府の指導部が外国人に信じ込ませようとしている内容の繰り返しです。この翌日、中国共産党のマウスピース宣伝機関は、孫衛東氏の記事を海外に広めるべく、シェアしました。この六十年間の中国の統治の下、チベット人には、進歩も発展も宗教の自由もありませんでした。あったのは、弾圧と支配です。孫衛東氏は、「チベットは古より中国の一部である。チベットは、発展と進歩を謳歌している」と述べました。中国がインドでこのような発言をする傍若無人ぶりに、開いた口が塞がりません。彼らは、チベット人が長年どのような経験をしてきたのかわかっていないようです。ここで、私が事実を明確にし、大使と中国政府の指導部にお伝えしたいと思います。

七世紀、チベット王ソンツェン・ガンポが唐へ勢力を拡大したことから、唐の皇帝太宗は娘の文成公主をソンツェン・ガンポに嫁がせました。なお、文成公主は第一婦人ではなく、第五婦人に過ぎない存在でした。また、チベット仏教の源流はインドであり、中国などではありません。チベットに仏教を伝えたのは、インドの聖者パドマサンバヴァです。パドマサンバヴァは、今でもチベットでは第二のブッダとして崇められています。多くのインドの仏教教師が仏教の指導のためにチベットを訪れましたが、中国の仏教教師がチベットで仏教の指導をしたという記録はありません。孫衛東氏は、仏教は中国からチベットに伝来したと述べていますが、誤りです。

モンゴル人の元朝の時代、ゴダン・ハン、フビライ・ハンとチベットの間にはチュ・ユンの関係が存在していました。チュ・ユンの関係は元朝建国以前から存在していました。中国が元朝の支配下に入ったのは、一二七九年にフビライ・ハンが南宋を滅ぼしたときです。中国は元の直接支配を受けました。当然、中国は元の建国者ではありません。したがって、モンゴルがチベットを統治したという理由で中国がチベット支配の正当性を主張するのは馬鹿げています。このような歴史に鑑みると、中国よりもモンゴルの方がチベットの領有権を主張する正当な理由を持っていると言えます。

中国が元朝からの独立を果たし、明朝を建国したのは一三六八年のことです。つまり、チベットがモンゴルの影響から脱してから十八年後のことです。元朝、明朝の時代の歴史的記述や地図には、チベットが独立国家であったことが記されています。元朝には主に十二の州がありましたが、これにチベットは含まれていませんでした。チベットはモンゴルの影響下にはありましたが、一二五三年以降サキャ派によって統治されていました。モンゴル人には統治されていなかったのです。一五九四年、明の時代に、法律の役人王芬が描いた中国の地図からもチベットは除外されています。つまり、チベットが元朝、明朝の一部であったとは考えられません。

次に、清朝の時代のことについて説明します。まず理解しないといけないのは、清朝は満州人の国家であり、中国人の国家ではなかったということです。続いて、清朝とダライ・ラマの関係についてです。清朝の建国は一六四四年ですが、ダライ・ラマ一世の生誕は一三九一年です。つまり、ダライ・ラマ制度は清朝よりも二五三年前に始まったということです。

一七九二年、チベットに侵攻してきたゴルカ軍を追い払うため、清朝の乾隆帝がチベットに派兵しました。その後、乾隆帝は、二十九か条の布告を行いました。布告の中には、ダライ・ラマおよび他の高僧の選定を金瓶掣籤《きんぺいせいせん》で行うというものがありました。しかし、金瓶掣籤は仏教の尊厳を欠いていたため、ダライ・ラマ十一世の選定を除いて、使われませんでした。ダライ・ラマ十一世以外のダライ・ラマは、チベット仏教の伝統に則って選定されたのです。ダライ・ラマの転生者を選定する権限が中国政府にあるという主張は真っ赤な嘘で、歴史的、仏教的事実を歪めるものです。

二〇〇七年八月、中国政府は、チベット仏教を管理し、弱体化させるべく、国家宗教事務局令第五号を交付しました。これにより、すべての転生者が中国政府の承認を得なくてはならなくなりました。中国共産党は無宗教です。宗教を毒と考えています。そのような中国共産党がチベット仏教に介入するのは非倫理的で馬鹿げています。チベット人は、宗教の自由の侵害であるとして、国家宗教事務局令第五号を拒否してきました。中国共産党員および政府の役所で働くチベット人は僧院を訪れることを許されていません。彼らの子供もまたそうです。僧院のほとんどを管理し、厳しい監視を行っているのは、中国共産党員です。現在、ラルン・ガル、ヤチェン・ガル両僧院で、中国当局が大規模な破壊と弾圧を行っています。孫衛東氏の言う宗教の自由はどこにあるのでしょうか。

チベットのＧＤＰは増えていますが、チベット人はその恩恵に与っていません。ＧＤＰの成長が反映しているのは、チベット高原の軍事化、ダムやトンネルの建設、中国人労働者のチベットへの移住、中国人の雇用の増加です。これにより、チベット人は周辺地域に追いやられています。また、チベットは気候変動にも見舞われ、隣接する東南アジア諸国の生態系も危機に瀕《ひん》しています。

インド国境で中国軍がときおり挑発活動を行っていることは誰もが知るところです。孫衛東氏の記事のインドに関する最後の部分は次のようになっています。

「インドが責任ある大国として、現在の立場を維持し、約束を遵守し、チベット関連の問題への干渉に抵抗することを希望し、信じる」

この発言もまた意図的な挑発に他なりません。中国政府がすべきことは、インドの宗主権と忍耐を尊重することです。チベット問題を解決し、安定的な中印関係を築くための健全な雰囲気を醸成すべく、私たちはみな手を取り合っていく必要があります。

第十三章

プロパガンダ要員として インドメディアを買収する 中国政府

本章の記事は、2019年12月16日に、https://tibet.net/china-buying-indian-media-for-propaganda-gimmick/ に掲載されたものです。

（写真：ゲッティー・イメージズ）

二〇一九年十二月十三日、インドの主要紙の一つヒンダスタン・タイムズが、誤った内容の二つの記事を一面広告で掲載しました。記事の執筆者は袁盛高氏で、チャイナ・ウォッチ・デイリーの有料広告という形で掲載されました。記事のタイトルは、「数十年におよぶ際立った発展」[※1]、「ある世代が経験した比類なき変化」[※2]です。

この二つの記事が主張しているのは、一九五〇年代以降、中国共産党の統治下で、チベットが、発展、経済的繁栄、社会の安定、生態系の改善、民族の調和、宗教の自由を手にしたという内容です。また、GDPの二桁成長、観光業の成長、貧困の削減を誇らしげに述べています。

上記の記事の内容は、誤解を生むもので、誤りです。チベット統治を正当化するためにインドと国際社会に誤った情報を刷り込むことを目的とした中国共産党の意図的な記事と言えます。記事は、呉英傑チベット自治区中国共産党書記とシザラチベット自治区主席の発言を引用しています。一つ目の記事は、九月十二日に国務院新聞弁公室が北京で主催したニュース会議における二人の声明に基づいています。

上記の記事は、実態を反映していません。実際は、中国がチベットに侵攻し、その結果、チベット人は七十年に及ぶ中国政府の残忍な支配、弾圧に苦しんできたのです。この間、百二十万人超のチベット人が命を落とし、六千以上の僧院、尼僧院が破壊されました。また、数百万の経典、工芸品が焼き払われました。

記事に自慢げに記されているGDPの二桁成長についてですが、この成長の裏には、大規模な軍事化、鉱物資源の搾取、道路・トンネル・ダム建設による環境破壊、河川の流れの変更、漢人のチベットへの大規模な流入がありました。収穫高の増加や食糧の増産はあったかもしれませんが、これは経済的に自然なことです。また、中国政府の指導部が誇らしげに語るインフラの発展の恩恵を受けているのは主に中国人で、チベット人への恩恵はほとんどありません。いずれにせよ、経済発展を理由に残忍なチベット統治を正当化することはできません。

記事には、チベットに宗教の自由があると記されています。しかし、実際は、チベット僧院のほとんどは中国共産党員により厳しく監視されています。子供たちが僧院に入るのは禁じられています。現在進行しているラルン・ガル、ヤチェン・ガルの破壊、規制が、チベットに宗教の自由がないことの何よりの証です。

中国共産党は無宗教です。それにもかかわらず、ダライ・ラマを含む高僧の転生者の選定の権利を主張します。今年（二〇一九年）の十月のチベット人と国際支援団体の特別会合および十一月の高僧の会合で、ダライ・ラマの転生者の選定に中国政府が干渉することを容認しない旨が全会一致で可決されました。

二番目の記事は、ケルサン・ドルカ、ラクパ・パントク、ニマ・タシという三人のチベット人の個人的体験、業績、幸せな生活についてのものです。ラサのナチェンの中国共産党員ケルサン・ドルカが、全国人民代表大会に三度参加したことは賞賛すべきです。ラクパ・パントクは起業家として成功しています。ニマ・タシはチベット大学教授兼現代教育技術センター長を務めています。しかし、ここで大事なのは、彼らがやっていることに本当に自由があるのか、そして、彼らが本当に幸せなのかということです。

ケルサン・ドルカは、祈りを捧《ささ》げ祝福を受けるために、地元の僧院に自由に行くことはできるのでしょうか。ラクパ・パントクは、子供を僧院に連れて行くことはできるのでしょうか。国内外を自由に旅してビジネスをすることはできるのでしょうか。ニマ・タシは学生にチベット語とチベットの歴史を自由に教えることができるのでしょうか。

記事では、国内外の九十二の路線を持つ五つの空港、高速道路、鉄道についても述べられています。しかし、チベット人が旅行をすることは許されているのでしょうか。パスポートを持つことは許されているのでしょうか。中国政府の指導部は、これらの質問に対する回答をチベット人と国際社会に対して提示する必要があります。

十一月二十六日、ヨンテンというチベット人の若い少年が、中国政府の弾圧政策に抗議して焼身自殺しました。チベット語を啓蒙する活動家タシ・ワンチュクは今なお投獄されています（訳注：二〇二一年一月二十八日に釈放された）。また、最近、キルティ僧院の僧侶ソナム・パルデンが、チベットを学ぶ権利を求めたとして逮捕されました。尊敬を集める高僧ケンポ・ジグメ・プンツォク、テンジン・デレク・リンポチェは中国当局に逮捕、拷問され、命を落としました。中国政府の弾圧政策に抗議して、二〇〇九年以降、百五十四人のチベット人が焼身抗議を行っています（訳注：二〇二三年五月時点での焼身抗議者は百六十一人になっている）。チベットで起きているこれらの話について、袁盛高氏、呉英傑氏、シザラ氏はどう説明するのでしょうか。

チベット人がチベットで幸せな生活を送り、民主主義と自由を享受していると中国政府が主張するのであれば、国連特使、外交官、メディアがチベットを訪れ、現地の状況を評価することができるようにすべきです。アメリカのNGOフリーダムハウスは、チベットを、世界で最も行くことが難しい地域の一つに挙げています。呉英傑氏とシザラ氏の言う自由と発展とは何なのでしょうか。

最後に、有料広告であれ別の形態であれ、インド紙が、中国の広報機関になってはなりません。中国は、世界で最も弾圧を行っている国であり、長年にわたり断続的にインドを侵攻してきた国なのです。

註

※1　https://www.pressreader.com/india/hindustan-times-delhi/20191213/281762746141711

※2　https://www.pressreader.com/india/hindustan-times-delhi/20191213/281779926010895

第十四章

農奴解放記念日

国際社会を欺く中国政府のドラマ

本章の記事は、2020年3月31日に、
https://tibet.net/serfs-emancipation-day-a-chinese-drama-to-mislead-the-international-community/ に掲載されたものです。

2020年3月28日、農奴解放記念日のスピーチを行うシザラチベット自治区主席
（写真：https://mp.weixin.qq.com/s/6_dh4gvIk_leomb-2qwBXw）

チベット統治を正当化すべく、中国政府は多くの記念日やイベントをつくり、プロパガンダを広めるための基盤としてきました。三月二十八日の農奴解放記念日もその一つです。農奴解放記念日は二〇〇九年一月に設立されました。三月十日のチベット蜂起記念日に対抗する狙いです。現在、武漢由来の新型コロナウィルスのパンデミックが世界中で引き起こされていますが、その最中、中国政府はラサで農奴解放記念日を祝いました。

シザラチベット自治区主席のスピーチは、テレビで放映されました。シザラ氏は、中国共産党がいかにしてチベットの農奴を解放したか、どれほどの民主改革と経済繁栄がチベットに訪れたかということを詳しく述べました。また、この六十一年間、中国共産党の下でチベット人が宗教の自由を享受してきたとも述べました。シザラ氏のこれらの発言はすべて捏造であり、国際社会に誤った情報を与えるものです。

チベット人にとって、この六十一年間の中国共産党による統治は、残忍な弾圧、困難に他なりません。中国政府は民主改革を行ったと言いますが、中国に民主主義がないことは世界の誰もが知るところです。シザラ氏の言うチベットの民主主義とは何のことでしょうか。

中国政府のプロパガンダでは、経済発展、ＧＤＰの増加という内容が繰り返されます。しかし、実際は、チベットは決して貧しい国ではなかったのです。食料は十分にあり、精神世界を探求する智慧も持ち合わせていました。中国の侵攻前は、チベットで飢饉《ききん》が起きたことはありません。しかし、中国の侵攻後、飢饉が発生し、多くの人が餓死しました。

中国政府の言うGDP千六百億元は素晴らしい数字のように思えます。しかし、そのGDPはどこに行ってしまったのでしょうか。チベットの経済データを深く検証してみると、以下の五つに資金が流れていることがわかります。

一、チベットの軍事化
二、チベットに駐留する中国軍、治安部隊、スタッフの維持
三、チベットの鉱物資源を搾取して中国に送るための道路、鉄道、空港の建設
四、チベットの水資源を搾取するためのダム建設
五、中国人のチベットへの大規模移住

次に、宗教の自由についての検証ですが、現実には、中国共産党の統治下のチベットで、六千超の僧院が破壊されました。今も、ラルン・ガル、ヤチェン・ガルでは厳しい規制が敷かれています。中国共産党は、僧院の管理や、ダライ・ラマ法王を含む高僧の転生者の選定にも干渉しています。

昨年十二月、東チベットのチャムドで、ジャンパ・ドルジェ（七十五）と息子が中国当局に拘束されたというニュースが入ってきました。拘束理由は、ダライ・ラマ法王のティーチングを聞いていたことです。ダライ・ラマ法王の写真を所持している人は逮捕されます。三月十六日には、高僧テンジン・デレク・リンポチェの弟子タシ・プンツォクが拷問死しました。宗教の自由はどこにあるのでしょうか。

中国政府は「農奴を解放した」と言いますが、これは誤りです。武器では誰も解放できません。[※1]強制された合意でも誰も解放できません。[※2]事実は、中国がチベットを侵攻し、残忍で違法な統治を行っているということです。チベットに対して強要した中国側に有利なはずの十七か条協定すら中国政府は守っていません。解放、民主改革、経済発展という話は茶番で、ただのプロパガンダに過ぎません。中国政府は、このプロパガンダを使って、国際社会をミスリードし、チベットの違法統治を正当化しようとしているのです。

註

※1　一九五〇年十月一日、四万の人民解放軍がチャムドを攻撃し、チベット統治が始まった。

※2　一九五一年五月二十三日、チベット特使を脅迫し、十七か条協定に強制的にサインさせた。

第十五章

新型コロナウィルスのパンデミック

覇権国家に向かう中国のトロイの木馬

本章の記事は、2020年4月27日に、https://tibet.net/coronavirus-pandemic-a-chinese-trojan-horse-to-global-hegemony/ と https://timesofindia.indiatimes.com/readersblog/khawaripa-speaks/coronavirus-a-chinese-trojan-horse-14691/ に掲載されたものです。

中国の習近平国家主席（写真：新華社通信謝環馳）

二〇一九年末に武漢で発生した新型コロナウィルスのパンデミックは、世界中に大きな影響を与え、混乱を引き起こしています。世界の公衆衛生、経済、政治、国際関係は戦時中下のような様相です。新型コロナウィルスの起源については、生鮮市場説、生物兵器研究所説、世界の秩序を混乱させるための中国政府の陰謀説など、多くの説が囁《ささや》かれています。しかし、起源が何であれ、否定することのできない事実があります。それは、ウィルスが武漢由来であること、そして、中国政府が情報を隠蔽《いんぺい》し、世界をパンデミックの危険に晒《さら》したことです。

中国政府が新型コロナウィルス発生時の初動対応を誤ったこと、世界に壊滅的な打撃を与えた責任が中国政府にあることについては、国際社会の意見は一致しています。※1 パンデミックにより明らかになったのは、習近平政権の無慈悲な実体と、どのような犠牲を払っても世界の覇権を握ろうとする中国政府の狡猾《こうかつ》な陰謀です。これまで中国政府が行ってきたこと、中国政府が罰を受けることなく世界に対して強気な態度をとっていることを世界の指導者は快く思っていません。※2

新型コロナウィルスが発生した初期の段階で、李文亮医師、■3 その他の人々の声に※4 中国政府が耳を傾け対応していれば、パンデミックを封じ込めることができたでしょう。中国内外の多くの命が救われたでしょう。あいにく、パンデミックが起きていると警鐘を鳴らそうとした誠実な医師や市民の声は、中国政府に黙殺されました。※5

このような状況から、ウィルスは武漢ウィルス研究所から流出したと考えることができます。※6 武漢ウィルス研究所は、中国最大の生物兵器研究所の一つです。ここがウィルスの起源だとすれば、一月末、生物兵器の専門家のトップ陳薇院士が武漢ウィルス研究所と生鮮市場を訪問したことは説明がつきます。また、新型コロナウィルスの危険性を主張した許章潤教授は逮捕され、現在の状況は不明です。※7「武漢日記」の著者方方氏は死の恐怖に直面しています。※8

現時点で、新型コロナウィルスによる死者数は、二十万人を超えています。また、感染者数は三百万人を越え、さらに増え続けています。中国政府は、世界中に混乱を引き起こしたことを謝罪せず、倫理的責任も取っていません。その代わりに中国政府がしたのは、アメリカ軍、※9イタリア、※10カザフスタン、黒人への非難でした。※11

アメリカ、イタリアは中国ウィルスにより多大な困難を経験し、死者、失業率は最多となっています。しかし、中国政府は大胆にもウィルスの起源がアメリカとイタリアだと主張しました。また、世界がパンデミックに直面しているこのタイミングで、カザフスタンは歴史的に中国の一部だと主張しました。それればかりか、新型コロナウィルスの起源はカザフスタンだと主張しました。※12

アフリカ諸国は、様々なセクターで中国経済を支援し、一帯一路と中国人のアフリカ流入を歓迎してきました。しかし、新型コロナウィルスの起源は外国であるという中国政府の主張に合うよう、アフリカの黒人がスケープゴートにされたのです。広州での黒人差別は著しく人道に反するものです。※13インターネットを使えば、これらの残虐行為を目にすることができます。なお、チベット人、ウイグル人、モンゴル人が中国政府からの差別や拷問を受けた期間は数十年になります。そして、今なお弾圧は続いています。※14

国際オリンピック委員会は、二〇〇八年のオリンピックを北京で開催することに決めました。このとき、中国政府は、人権、報道の自由、宗教の自由を改善、是正すると約束しました。国際社会は、北京オリンピック後、中国がオープンになり、国際規範に従い、民主的な価値観を持つようになると期待していました。しかし、中国は、軍事力と経済力を世界に見せつけ、中国流の人権政策を認めさせようとしました。北京オリンピック後、チベットの人権状況と宗教の自由は著しく悪化しています。規制と監視は増し、国境を超えて亡命するチベット人は激減しました。ダライ・ラマ法王が平和地帯にすることを夢見たチベットは、[※15]今日、世界有数の軍事地帯になってしまいました。

新型コロナウィルスのパンデミックを引き起こした後、中国政府はパンデミックを利用してコロナ後の勝者になろうとしています。三月以降の新型コロナウィルス感染者は八万二千人超、死者は四千人超と中国政府は発表していますが、実際の数はもっと多いと言われています。[※16]中国政府は情報を隠蔽し続けているのです。また、衝撃的なことに、中国政府は数百万ドルに相当する医療機器をアメリカ、カナダ、イタリア、インド、ネパールなどに販売しようとしました。なお、これらの機器には欠陥が見つかり、返品されています。[※17]中国政府がやったことは、まず病気をまき散らし、その後、壊れた医療機器を販売したということです。これらのことに対し、中国政府からは謝罪と後悔の言葉は一言もありません。世界の貿易、経済は停滞し、株価は急落しています。しかし、中国の景気はよく、中国のやりたい放題の状況です。[※18]これが中国の姿です。

今、世界は、新型コロナウィルスのパンデミックに苦しみ、その収束に手を焼いています。このタイミングで、中国は、日本、南シナ海、[※19]インド洋[※20]に軍艦を送り込んでいます。さらに、マーティン・リー氏を含む香港の傑出した民主活動家十五人を逮捕しました。[※21]台湾に対しては、爆撃をちらつかせて屈服させようとしました。[※22]中国の防衛白書には、「中国は、覇権主義、勢力範囲の拡大を目指すことはない」[※23]と記されていたはずです。中国の駐印大使も同じ発言を繰り返していました。[※24]しかし、中国の地図作成者は、インドとの国境線を描き換えるのに忙殺されています。[※25]

中国では、人権が侵害され、報道・宗教の自由がないことは周知のとおりです。しかし、中国は、疑わしい手段を使って、国連人権理事会の追及を逃れています。[※26]中国は、一帯一路を使って、多くの発展途上国を借金地獄に陥れています。これらの国の土地などの資産は、身代金代わりに中国に差し押さえられています。[※27]また、世界保健機関のテドロス・アダノム・ゲブレイェソス事務局長は、中国のプロパガンダをただ繰り返すだけです。[※28]また、最近では、中国はEUに圧力をかけ、中国に不利な情報を新型コロナウィルス報告書に盛り込まないように求めました。[※29]中国のこれらの強硬策は、将来の世界秩序を悪化させる危険性をはらんでいると言えます。

国際社会は、新型コロナウィルスのパンデミックを通じて中国が行っていることに一刻も早く気付き、中国共産党を国際司法裁判所に提訴しなければなりません。チベットでは、二〇〇九年以降、百五十四人が焼身抗議を行っています（訳注：二〇二三年五月時点での焼身抗議者は百六十一人になっている）。焼身抗議者は、中国政府の弾圧政策に抗議し、チベット人が直面している不正義と人権侵害を国際社会に気付いてもらおうとしていました。中国政府にこのまま抗議しなければ、今後中国の独裁体制がどれほど危険なものになるか、今回の新型コロナウィルスのパンデミックでおわかりいただけたと思います。パンデミックで中国共産党の真の姿が明らかになりました。中国共産党が、世界の平和、安定、民主主義にどれだけ脅威であるかが明白になりました。

新型コロナウィルスのパンデミックが引き起こした混乱について調査し、中国政府に責任を取らせようとする世界の指導者もでてきました。[※30] 経済損失の補償を中国に求める国際訴訟も起こされており、その要求額は二十兆米ドルとなっています。[※31] 今、国際社会にとって重要なのは、このタイミングで手を取り合って世界を共産主義の独裁と束縛から救い、平和、正義、民主主義に基づいた新たな国際秩序をつくるための旗振り役になることです。

新型コロナウィルスの起源が何であれ、確かなのは、中国が覇権国家に向かうためのトロイの木馬として新型コロナウィルスを使っているということです。私たちがすべきことは、中国の謀略と人道に対する罪について中国政府に説明責任を果たさせることです。

註

※1　http://www.westphsea.com/articles/world-leaders-in-unity-to-investigate-china-we-demand-answers/
※2　http://www.westphsea.com/articles/world-leaders-in-unity-to-investigate-china-we-demand-answers/
※3　https://www.bbc.com/news/world-asia-china-51403795
※4　https://theconversation.com/chinas-coronavirus-cover-up-how-censorship-and-propaganda-obstructed-the-truth-133095

※5 https://www.jpost.com/international/chinese-dissident-journalist-disappears-after-reporting-on-coronavirus-617014

※6 https://nypost.com/2020/02/22/dont-buy-chinas-story-the-coronavirus-may-have-leaked-from-a-lab/

※7 https://www.chinafile.com/reporting-opinion/viewpoint/viral-alarmwhen-fury-overcomes-fear

※8 https://www.theguardian.com/world/2020/apr/10/chinese-writer-fang-fang-faces-online-backlash-wuhan-lockdown-diary

※9 https://www.the-scientist.com/news-opinion/chinese-officials-blame-us-army-for-coronavirus-67267

※10 https://www.foxnews.com/world/china-coronavirus-propaganda-campaign-italy

※11 https://www.okayafrica.com/africans-in-china-guangzhou-evicted-left-homeless-blamed-for-coronavirus/

※12 https://bitterwinter.org/coronavirus-the-ccps-accusation-that-it-was-created-in-kazakhstan/

※13 https://hongkongfp.com/2020/04/12/coronavirus-africans-in-china-subjected-to-forced-evictions-arbitrary-quarantines-and-mass-testing/

※14 Chinese brutality in Tibet exposed https://www.youtube.com/watch?v=cdTIlP5qsCw&has_verified=1

※15 https://www.dalailama.com/messages/tibet/five-point-peace-plan

※16 https://www.theguardian.com/world/2020/apr/17/china-denies-cover-up-as-wuhan-coronavirus-deaths-revised-up-50

※17 https://www.indiatoday.in/india/story/chinese-testing-kits-now-hamper-india-fight-against-covid-19-1669786-2020-04-22

※18 https://www.forbes.com/sites/kenrapoza/2020/04/18/watch-outfor-china-buying-spree-nato-warns/#33ba87311758

※19 https://www.scmp.com/news/china/military/article/3079546/taiwan-scrambles-warships-pla-navy-aircraft-carrier-strike

※20 https://www.express.co.uk/news/world/1268940/india-china-war-conflict-navy-indian-ocean

※21 https://www.washingtonpost.com/opinions/2020/04/21/i-was-arrested-hong-kong-its-part-chinas-larger-plan/

※22 https://nationalinterest.org/blog/buzz/china-threatening-bomb-taiwan-submission-132432

※23 https://tibet.net/chinas-white-paper-on-national-defense-a-sugar-coated-sabre/

※24 https://indianexpress.com/article/opinion/columns/peaceful-development-is-chinas-strategic-choice-6240073/

※25 https://www.businessinsider.in/india/news/china-includes-parts-ofarunachal-pradesh-in-its-updated-map/articleshow/75268415.cms

※26 https://thefederalist.com/2020/04/07/united-nations-discredits-itselfby-awarding-china-a-seat-on-its-human-rights-council/

※27 https://qz.com/1223768/china-debt-trap-these-eight-countries-arein-danger-of-debt-overloads-from-chinas-belt-and-road-plans/

※28 https://qz.com/1223768/china-debt-trap-these-eight-countries-arein-danger-of-debt-overloads-from-chinas-belt-and-road-plans/

※29 https://www.nytimes.com/2020/04/24/world/europe/disinformation-china-eu-coronavirus.html

※30 http://www.westphsea.com/articles/world-leaders-in-unity-to-investigate-china-we-demand-answers/

※31 https://www.indiatoday.in/programme/newstrack-with-rahul-kanwal/video/should-china-pay-for-coronavirus-crisis-1670784-2020-04-24

第十六章

中国の環球時報の誤った記事

本章の記事は、2020年4月29日に、https://tibet.net/chinas-global-times-article-false-incorrect-and-misleading-a-rebuttal/ に掲載されたものです。

（写真：環球時報）

二〇二〇年四月二十七日、中国の環球時報は、「ウィルスを恐れて中国に戻ることを夢見るチベット難民」（単杰、胡玉伟著）という記事を発表しました。[※1] この記事では、インド、とりわけ、（チベット難民が多く暮らす）ダラムサラの状況が厳しくなっていると記されています。また、インドの新型コロナウィルスのパンデミックと脆弱《ぜいじゃく》な医療設備により、チベット人はチベットに戻りたがっているとも記されています。

この記事では、ダラムサラの医療設備は不十分で、小さなクリニックがあるだけだと述べられています。さらに、「インドに暮らすチベット人は不安定な地域に暮らしており、地方政府はしばしば彼らの福祉を無視している」という医学研究者劉英華氏の言葉を引用しています。

チベット亡命政権は、この環球時報の記事の内容が誤りであり、誤解を招くものであるということを明確にしたいと思います。

中国起源の新型コロナウィルスは世界的な災害を引き起こしました。インドもまたこの災害に見舞われています。国際社会は、ウィルスの拡散、意図的な情報隠蔽《いんぺい》、[※2] 欠陥のある医療機器の世界への販売[※3]の責任を中国政府に取らせなければなりません。

インドは今、新型コロナウィルスのパンデミックと闘い、封じ込めようとしています。ダラムサラに関して言うと、これまでの感染者は四十人です。また、ダラムサラがあるヒマーチャル・プラデーシュ州の死者は一人だけです。予防措置として行われたロックダウンは厳しく実施され、状況は完全にコントロールされています。

チベット亡命政権はウィルスの感染拡大をコントロールし、ロックダウンを行うため、インド地方当局と緊密に協力してきました。この困難な時期に支援と指導を行ってくださった地方行政官、副地方行政官、警察本部長事務所のご尽力に対し、チベット亡命政権は心から感謝しています。※4

逆に、中国ウィルスと闘ったチベット亡命政権とチベット人コミュニティの貢献と尽力に対して、インド地方当局から感謝の言葉もありました。

ダラムサラはカングラ地区に位置しています。この地域には、デレク病院、市民病院、ゾナル病院、タンダ病院、フォルティス病院などの高度な医療設備を備えた病院があります。また、チベットの伝統医療を提供するメンツィカンもあります。適切な医療設備が不足しているという環球時報の記事は誤りです。

また、ウィルスが理由でチベットや中国にチベット難民が帰りたがっているという点も誤りです。チベット難民はチベット亡命政権から適切な支援を受けています。「地方政府が難民をしばしば無視している」という環球時報の記事は誤りで、誤解を生むものです。

チベット亡命政権内務省、教育省、厚生省は、洗練された貧困撲滅、福祉プログラムを提供しており、支援を必要とするチベット難民の福祉、教育、健康に関する支援を行っています。チベット難民居住地域の役人は、地方当局およびチベット亡命政権と協力し、チベット難民のニーズを把握し、支援を行っています。それ故、インドのチベット難民は貧しいという環球時報の記事は意図的な捏造と言えます。

チベット難民がチベットに戻りたがっているという環球時報の記事は、ネパール在住のヤンゾムという女性の発言に基づいています。この内容がどれほど正しいかはわかりません。しかし、仮に正しかったとしても、それはインドとは何の関係もありません。また、一個人の発言があったからといって、それですべてを一般化することはできません。

環球時報は、インドでチベット医学を学んだという劉英華氏の発言を掲載しています。しかし、チベット医学の教育を行っているダラムサラのメンツィカンには、劉英華という人物が教育を受けたという記録はありません。

私たちは中国政府に対し、フェイク・ニュースを拡散することをやめるよう求めます。また、今回の環球時報の記事の内容には強く反論します。世界は今、新型コロナウィルスによる厳しい状況に直面しています。中国政府は新型コロナウィルスのパンデミックを封じ込めるための倫理的な責任を持つべきです。そして、新型コロナウィルスの災害を被ったインドおよび国際社会に謝罪すべきです。

註

※1　https://www.globaltimes.cn/content/1186932.shtml

※2　http://www.westphsea.com/articles/world-leaders-in-unity-to-investigate-china-we-demand-answers/

※3　https://www.bbc.com/news/world-europe-52092395

※4　https://tibet.net/cta-contributes-rs-3-lakh-to-district-covid-19-fund/

第十七章

テレビ出演した プンチョク・ストブダンの 危険で誤った攻撃的発言

本章の記事は、2020年6月5日に、https://tibet.net/phunchok-stobdans-televised-attack-is-misleading-divisive-and-dangerous/ に掲載されたものです。

2020年5月29日、インドのテレビ番組Aaj Takに出演したプンチョク・ストブダン元駐キルギス大使

二〇二〇年五月二十九日、インドのプンチョク・ストブダン元駐キルギス大使が、インド全土に放送されたテレビ番組のディベートに出演しました。ディベートのテーマは、インド・中国国境の睨《にら》み合いでした。この番組の中で、ストブダン氏は、荒っぽい言葉遣いで、ダライ・ラマ法王への不必要な攻撃を行いました。この攻撃は、外交官、学者に衝撃を与え、チベット内外のチベット人およびラダック人（中国と国境を接するインドのラダック地方に住む人々）、そして、世界中の仏教徒の感情を害するものでした。

チベット亡命政権ロブサン・センゲ主席大臣は声明を発表し、ダライ・ラマ法王に対するストブダン氏の発言は的を射ておらず、遺憾であると述べました。

「ストブダン氏と同じ考えを持っている人は僅《わず》かで、ラダックの人々はダライ・ラマ法王を精神的そして倫理的な指導者として尊敬しています」※1

ダライ・ラマ法王を冒瀆《ぼうとく》する敬意を欠いたストブダン氏に対し、多くのラダック人が抗議の声をあげました。

「多くの団体と僧院が声明を発表し、ダライ・ラマ法王に対するストブダン氏の侮辱発言に抗議しています。声明を発表した団体は、Ladakh Buddhist Association, All Ladakh Gompa Association, LBA Youth Wing and Women Wing, The Thiksey and Diskit monasteries, Muslim association in Leh as well as the Anjuman Jamiat-ul-Ulama Isna Ashriya Muslim association in Kargil, Likir Monastery Gaden Dhargyas Ling, the Merchant Association of Leh, Office of the Nambardar Spituk, President Kunfan Deytsogs Tsgospa Spituk and 'Leh Phung Do' Nambardars and Lower

Leh Nambardars (village leaders) in Leh, D.L. Pethub Khangtsen Education Society in Leh, Galdan Targaisling Cultural & Welfare Society Pethup Gonpa in Leh, Dre-Lukhil Khangtsen Education Society, Ngari Institute of Buddhist Dialectics です」※2

これらの団体と僧院は、ストブダン氏に対し、「無条件謝罪」を要求しました。※3 あらゆる方面からの圧力を受けたストブダン氏は、ビデオメッセージと書簡で次のように謝罪しました。

「今月初めから、中国軍が東ラダックに侵攻しています。私は、複数の国内および国際メディアから、専門家としてのコメントを求められました。国防問題の権威として、ラダックおよびインドの防衛に関する地政学的コメントをしました。これらは私個人のコメントであり、組織や社会を代表するものではありません。ダライ・ラマ法王は、私が非常に尊敬する至高の宗教の指導者です。カーラチャクラ灌《かん》頂《じょう》を含む、ダライ・ラマ法王のティーチングにも参加したことがあります。それ故、宗教の側面でダライ・ラマ法王を冒瀆するようなことはありません。私のコメントは、中国との国境の膠着《こうちゃく》状態に関する純粋に地政学的な見地からのものです。しかしながら、私のコメントで感情を害された方がいるのであれば、深くお詫びします」※4

テレビ出演時のスタブダン氏の話し方、怒った表情、顔の歪みは、学者、防衛の専門家の振る舞いとして相応しいとは言えません。しかし、仏教には、「赦し、忘れる」という教えがあります。結局のところ、重要な論点は、中国による侵攻です。インド人もチベット人も中国の侵攻と闘うという共通の利害関係を持っています。

ストブダン氏は、この後、インドのオンライン紙The Printのインタビューに答えています。このインタビューで、ダライ・ラマ法王に対して憎しみに満ちたコメントをした真意が明らかになりました。ストブダン氏は、反ダライ・ラマ、反チベット難民の立場を取っていたのです。このことは、ストブダン氏の著書「The Great Game in the Buddhist Himalayas（ヒマラヤの仏教徒の大ゲーム）」で詳述されています。ストブダン氏は次のように述べています。

「ラダックはチベットや中国の土地ではない。インドの土地だ。チベット亡命政権はインドにある。チベット亡命政権はラダックで何をしているのか。ラダックは、ラダック人とインドのものである。妥協はできない」[※5]

この発言は遺憾であり、不和を生じさせる危険なものです。中国共産党の手の中で転がされているようなものです。すなわち、誤った情報、混乱、分断を生み、国内の不協和音がピークに達しているときにとどめを刺そうとするようなものです。チベットを侵攻したのは中国です。今、中国軍は、ラダックをはじめとするインド国境に迫っています。チベット人がラダックを占領しようとしているという考えは馬鹿げています。私たちが警戒すべきは中国共産党です。チベット亡命政権ではありません。このような誤った考えを持っているのは、どんな防衛の専門家でしょうか。

今は新型コロナウィルスのパンデミックの大変な時期です。この時期に、国境地域の中国政府の攻勢は強まっています。最大の敵である中国ではなく、ダライ・ラマ法王を非難するとは、中国の侵入を歓迎しているようなものです。ストブダン氏のコメントは、あまりにお粗末で中傷的です。元外交官の学者がこのような根拠のない中傷を行うことで、誤解と分断が広がるのです。中国の攻撃から共同して領土を守ろうとする人々にも悪影響を与えます。インド人とチベット人の利益に反しています。内輪もめをすれば、インド国境は脆弱《ぜいじゃく》になり、中国政府を喜ばせるだけです。

ストブダン氏は、トリビューン紙の記事「実効支配線（訳注：一九六二年の中印紛争の後に設定されたインドと中国の支配地域を分ける境界線）よりラダックの心配が重要だ」の中で、ダライ・ラマ五世を取り上げ、中傷しています。[※6] また、ストブダン氏の著書には次のように記されています。

「ヒマラヤ地域にチベット人がいることを、単なる政治的な出来事として無視することはできない。この状況の背景には、何者か（訳注：暗にダライ・ラマ法王を指していると思われる）の優れた戦略、中国の戦略をそつなく実行する何者かの存在がある」[※7]

ストブダン氏は、国境の敵に抗議するのではなく、インド人の目を捏造された歴史に向けさせようとしています。さらに、中国人を国境地帯に連れてきた「何者か」の存在を証明しようとしています。ここで、歴史を振り返り、ストブダン氏の言う「何者か」が存在するのか検証しましょう。

チベットは古より独立国家でした。インドとチベットは、歴史的、宗教的、文化的関係を長い間共有してきました。インドとチベットの国境は、世界で最も平和な国境の一つでした。古代インドの聖典リグ・ヴェーダとアタルヴァ・ヴェーダには、チベットは天国、チベット西部に位置するカイラス山はシヴァ神と妻パールヴァティーが住む地球のへそと記されています。[※8] チベット人は、インドを、ブッダの祝福を受けた聖なる土地と見なし、多くの著名な師が暮らす場所と考えてきました。この聖なる結びつきが、古くからのインドとチベットの関係の背景にあります。

一九四九年、中国共産党が権力を掌握し、中華人民共和国を建国すると、チベットの領有権を主張し始めました。チベットが中華人民共和国への参加を拒否すると、中国は四万の軍を東チベットに送り、侵攻を開始しました。そして、ラサまで進軍すると脅迫しました。平和な仏教国であったチベットには、中国のマシンガンと大砲に対抗できるだけの武器、弾薬はありませんでした。若きダライ・ラマと内閣は、この状況に介入し中国の支配をやめさせるよう、インドをはじめとする国際社会に支援を熱心に求めました。

しかし、どこからも支援は来ませんでした。中国はチベットに十七か条協定を強要し、チベットを乗っ取りました。その後も国際社会の沈黙は続き、中国側に有利な内容であったはずの十七か条協定すら守られなくなりました。そして、チベットではジェノサイドが始まりました。緊迫した状況が頂点に達したのが、一九五九年三月十日のチベット民族蜂起です。この蜂起は中国軍に残忍に弾圧され、多くの命が失われました。ダライ・ラマ法王はインドへ亡命し、その後、八万人のチベット人がダライ・ラマ法王の後を追いました。これがチベット難民の始まりです。この歴史の中で、ダライ・ラマ法王が中国と共謀してインドに対抗していると考えられるでしょうか。

毛沢東は、チベットの統治は必須だと言いました。チベットは戦略的に重要な場所で、掌のようなものです。掌を手に入れれば、五本の指、すなわち、ネパール、ラダック、アルナチャール、ブータン、シッキムを支配下に入れることも夢ではなくなってきます。中国はこの野望を現実のものにしようとしています。これが今起きていることなのです。

ダライ・ラマ法王は、「インドは私たちの師で、チベット人は弟子です。非常に信頼できる弟子です」と繰り返し述べておられます。そして、国内外の様々な場で、チベット人社会へのインドの支援に感謝の気持ちを述べておられます。また、ダライ・ラマ法王は自身についても「インドの息子」と発言しておられます。ダライ・ラマ法王の四つの盟約の一つは、古代インドのナーランダーの教えを啓蒙し、守ることとです。歪んだやり方でダライ・ラマ法王の誠実さに疑問を投げかけることは、古くから続くインドとチベットの聖なる絆を冒瀆するものです。

もし疑念がまだ残っているのであれば、チベット亡命政権ロブサン・センゲ主席大臣（首相）の声明を参照してください。声明では、ラダック、アルナチャール、シッキムがインドの一部であると明確に述べられています。[※9]

地政学および国防に関するストブダン氏の専門性には敬意を表します。しかし、古くからのインドとチベットの聖なる絆を分断するような試みはしないよう求めたいと思います。非難された理由はストブダン氏自身が一番わかっていると思います。私たちは、協力して、国境の侵攻者と闘わなければなりません。もしストブダン氏がまだ歴史的経緯に拘るのであれば、インド憲法の父ビームラーオ・アンベードカル博士の言葉を贈りたいと思います。

「一九四九年に中国を承認する代わりにチベットを承認していれば、中印国境紛争はなかったでしょう。中国がチベットを統治できるような状況にしてしまったがために、私たちは、中国軍がインド国境へやって来る片棒を担いだと言えます」

註

※1　https://tibet.net/152359-2/

※2　https://tibet.net/152359-2/

※3　https://theprint.in/diplomacy/stobdan-sorry-for-remarks-on-dalai-lama-but-says-spiritual-leader-also-a-geopolitical-entity/433499/

※4　https://www.tribuneindia.com/news/j-k/leh-shuts-over-p-stobdansstatement-on-the-dalai-lama-92920

※5　https://theprint.in/diplomacy/stobdan-sorry-for-remarks-on-dalai-lama-but-says-spiritual-leader-also-a-geopolitical-entity/433499/

※6　https://www.tribuneindia.com/news/comment/ladakh-concern-overrides-lac-dispute-90880

※7　Phunchok Stodan, The Great Game in the Buddhist Himalayas, p-xii

※8　Mathan, Journal of Social & Academic Activism, Jan-Mar 2020 issue, p-20

※9　https://www.ibtimes.co.in/ladakh-belongs-india-tibet-sides-india-exposes-chinas-expansionist-tactics-821586

第十八章

国連人権理事会でメンツを保つための中国政府のチベットに関する仰々しいセミナー

本章の記事は、2020年7月17日に、https://tibet.net/chinas-ostentatious-seminarson-tibet-an-attempt-to-save-its-face-at-unhrc/ に掲載されたものです。

2020年7月15日に開催されたオンラインセミナー「チベットの文化継承と信仰」（写真：CGTN（中国グローバルテレビジョンネットワーク英語放送チャンネル））

中国政府の宣伝機関である中国中央電視台の報道によると、中国政府は七月十四、十五日にそれぞれ重慶と北京でチベットに関するセミナーを行ったということです。セミナーのタイトルは、「チベット社会の発展と人権の改善」と「チベットの貧困撲滅の進捗《しんちょく》と今後」でした。

この仰々しいセミナーは、ジュネーブで開かれていた国連人権理事会の第四十四回会合で面子を保つためのものに他なりません。

重慶でのセミナーの内容は、中国政府による六十年の統治下でのチベット社会の発展、人権保護、貧困撲滅でした。セミナーの講師は、中国社会科学院中国辺境研究院副院長の孫宏年氏と西南政法大学人権研究院執行院長の張永和氏でした。二人は、チベットで「顕著な業績」をあげたとして中国共産党を称賛しました。

中国政府は、チベットの発展、資金の投入、貧困削減を持ち出して、チベット統治を正当化してきました。

「一九八〇年から二〇一八年にかけて、中央政府からの財政支援は一兆二四〇〇億元で、これはチベットの財政支出の九十一％を占める」

しかし、これらの財政支出は、チベットの軍事化・中国化を通じた中国の権力・締め付け強化のために使われています。資金は、チベットに駐留する軍、治安部隊、役人の維持のために使われています。国境地帯でインドが度々中国軍からの侵攻を受けるのも不思議はありません。また、資金の一部は、チベットの水・鉱物資源を搾取し、中国に送るためにも使われています。

貧困削減に関して言えば、チベットが貧しい国家であったことは一度もありません。食料は十分にあり、人間の心を探求することで精神的な豊かさも持ち合わせていました。チベットが初めて飢饉に見舞われたのは、中国の統治が始まってからです。飢饉は、一九六一〜一九六四年と一九六八〜一九七三年の二度ありました。この飢饉により、多くの餓死者が出ました。貧困を削減したという中国政府の主張は、国際社会をミスリードする嘘偽りです。

中国中央電視台は次のように報じました。

「一九八〇年代以降、中国中央政府は、チベットの文化遺産と主要僧院の大規模復興のため、十四億元超を投じた」

この件に関して、いつ、どこで、どのように資金が使われ、どの僧院が復興したのでしょうか。立証可能なデータを示していただけると、チベット人にとっても国際社会にとってもありがたいです。

中国中央電視台はさらに次のように報じています。

「チベット仏教を学ぶ場は二七八七か所、僧侶と尼僧は四万六千人超、転生活仏は三五八人存在する」

しかし、中国侵攻前のチベットには六二五九の僧院が存在しました。整備された僧院だけでこの数でした。また、僧侶と尼僧も五九万二五五八人存在していました。これらの僧院、僧侶、尼僧がどうなったのかを中国政府はまず説明すべきです。

次のような報道もありました。

「信教の自由は関連法で認められ、保護されている。セミナーではこの点を強調している」

いったいどの法律のことを言っているのでしょう。中国共産党にとって、宗教は毒のはずです。中国共産党員が宗教を信仰することは認められていません。それにもかかわらず、中国共産党は仏教の慣習に干渉する法律を施行しています。これらの法、とりわけ二〇〇七年の国家宗教事務局令第五号は、チベット人の宗教の自由を侵害するものです。中国共産党が宗教の指導者や教義に口出しすることは馬鹿げており、容認できません。

七月十五日に北京で行われたオンラインセミナーについて、中国中央電視台は次のように報じています。

「世界中の学者がディスカッションを行い、少数民族政策、宗教政策において中国が多大な業績を収めていること、世界が中国をより包括的に理解するための扉が開かれていることが証明された」

中国政府が本当にチベットの文化遺産や宗教を心配しているのであれば、チベットでの第一言語をチベット語に戻し、僧院での教育を認め、ダライ・ラマ法王をはじめとする高僧の転生者の選定への干渉をやめるべきです。

これらの二つのセミナーは、中国政府のプロパガンダ戦略の一環です。また、ジュネーブで行われている国連人権理事会の第四十四回会合で中国政府が受けている批判に抗議し、深刻化させない狙いがあります。独立専門家約五十人と特別手続き任務保持者約三十人が、中国、香港、チベット、東トルキスタンにおける人権および宗教の自由の侵害を訴えています。

セミナーの中で、チベットにおける文化と宗教の自由はあると中国政府は主張しました。しかし、最近、中国政府は、チベットにあるルンタ（祈りの旗）をすべて破るよう命じました。大規模な仏教施設であるラルン・ガル、ヤチェン・ガルは破壊に直面し、僧侶と尼僧は追放されています。また、僧院の管理は中国共産党員によって行われています。子供たちが僧院を訪ねることは禁じられています。ダライ・ラマ法王の写真を所持している人は逮捕され、拷問を受けています。

新型コロナウィルスのパンデミックに見舞われている多難な時代に、中国政府は国内問題を悪化させています。パンデミックを封じ込めるため国際社会と協業することもしていません。中国は、より攻撃的で、覇権主義的になりました。南シナ海やインド国境での中国の挑発に、国際社会が非難の声をあげています。そして、チベットと東トルキスタンにおける中国政府の弾圧はその過酷さを増しています。

中国中央電視台は、セミナーは国際セミナーであったと報じています。しかし、国内向けの閉ざされたセミナーであったことは明らかです。重慶のセミナーに参加した外国人はパキスタン人とネパール人だけです。この二か国は、古くから中国の友好国であり、一帯一路構想にも協力的です。

中国中央電視台は、「チベットでは、六十年間、社会が発展し、人権が改善した」と報じました。しかし、この六十年間にチベット人が経験したのは、残忍な統治と弾圧でした。チベット人は高度な自治を奪われました。人権と宗教の自由もありません。海外はおろか、チベット内の移動も認められていません。これがチベットの現実です。

国連人権理事会に対して要請があります。五十人の独立専門家が提出した報告書に従って行動して下さい。人権を尊重し、国際規範に従うよう、中国政府に要請して下さい。そして、中国が偽りのセミナーを通じて国際社会をミスリードするのをやめさせて下さい。

第十九章

習近平が覆い隠す中国共産党のチベット政策の失敗

本章の記事は、2020年9月1日に、https://www.tibet.net/xi-jinpings-speech-at-tibet-work-forum-betrays-ccps-policy-failure/ に掲載されたものです。

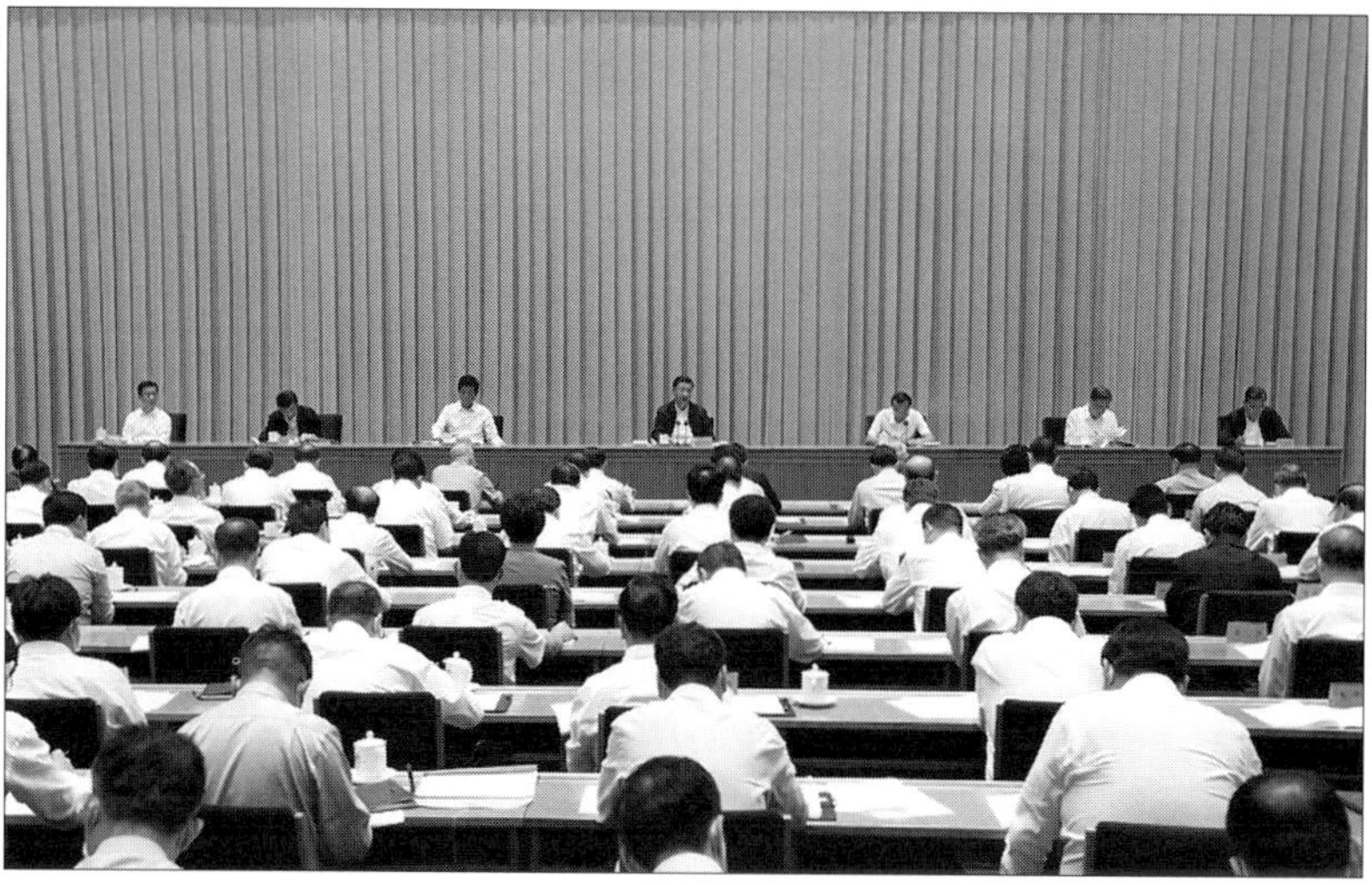

北京で開かれた第7回チベット工作座談会で演説する習近平国家主席（写真：新華社通信）

二〇二〇年八月二十八、二十九日に北京で開かれたチベット工作座談会の二日目に、中国の習近平国家主席が長時間の激烈なスピーチを行いました。その内容は、チベットの安定を維持するために「強固な要塞」を築き、国家の団結を守り、「分裂主義者」と闘うよう民衆を教育するというものでした。

過去の工作座談会とは異なり、今回の工作座談会と習近平国家主席のスピーチは、国内外で幅広く報道されました。中国国営メディアは、今回の工作座談会を「チベット政策の方向性を定めるもの」と報じました。

新華社通信は習近平国家主席のスピーチを次のように引用しました。

「チベットは、団結し、繁栄し、文化的に進歩し、調和の取れた美しい地域にならなければならない。こうした新しい現代的な社会主義チベットをつくるために尽力しなければならない。チベットに関する任務は、国家の団結を維持し、民族の団結を強化することに集中しなければならない。分裂活動と闘う活動に人々を動員するため、さらなる教育と指針が必要だ。これにより、安定を確保するための鉄壁の盾をつくることができる」

習近平国家主席がスピーチで使った言葉および内容を考えると、チベットが不安定であることを習近平国家主席が認めていることがわかります。そして、習近平国家主席は、チベットにおける中国共産党の政策の完全な失敗を覆い隠そうとしているのです。この七十年間の統治の間チベット人に恩恵を与えるような誇らしい話は何もないということが、国家主席のスピーチで明らかになっています。中国政府がチベット人の信頼と忠誠を得ることができないことも頷《うなず》けます。中国政府がやってきたことは、チベットの鉱物資源の搾取と、さらなる拡張政策を目的としたチベットの軍事化です。

中国政府は、チベットと農奴を「解放」し、「社会主義パラダイス」に変革したと常々主張します。さらに、産業発展、民主改革、人権改善、宗教の自由も主張しています。これらの主張が真実だとすれば、なぜ「新しい現代的な社会主義チベット」という言葉が突然出てくるのでしょうか。中国政府が長年誇らしげに語ってきた「社会主義パラダイス」とは何だったのでしょうか。

国家の団結を維持し、民族の団結を強化することに集中する理由は何でしょうか。鉄壁の盾をつくり、分裂主義者と闘う必要性は何でしょうか。

習近平国家主席の発言は、七十年間の中国によるチベット統治と思想教化を受けても、今なお、チベット人が中国の統治を受け入れていないことを意味します。チベット人は、中国共産党の統治と弾圧政策に抗っているのです。今、中国政府は、チベット問題が国際問題になったと気付いたのです。チベット問題は、今、中国政府のアキレス腱《けん》となっています。

一九八八年、ダライ・ラマ法王は次のように述べています。

「植民地主義的な統治は現代では時代錯誤であるということを中国政府の指導部は認識する必要があります。すべての関係者に恩恵がある場合、真の大きな共同体が自発的に生まれる可能性があります。EC（訳注：EUの前身）がこの最たる例です。一方、一つの国や共同体が二つ以上に分裂する可能性もあります。これは、信頼や恩恵が不足する場合や、統治の手段として力が使われる場合に起こります」

中国政府がチベット人のことを本当に考えていれば、今日の状況は変わっていたことでしょう。チベット人は中国共産党の残忍な統治に苦しんできました。その苦しみは今なお続いています。二〇〇九年以降、中国政府の弾圧政策に抗議して、百五十四人超のチベット人が焼身抗議を行っています（訳注：二〇二三年五月時点での焼身抗議者は百六十一人になっている）。七十年に及ぶ中国政府のチベット統治は、弾圧と差別の悪夢でしかありません。

中国政府は、チベット人が通う学校で使用する言語をチベット語から中国語に変えました。家にはダライ・ラマ法王の写真ではなく、習近平国家主席の写真を掲げるよう命じました。ルンタ（祈りの旗）を掲げるのを禁じ、子供がチベット僧院で学ぶのを禁じました。チベット仏教第二位の高僧パンチェン・ラマ十一世は、一九九五年、家族もろとも拉致《らち》され、今なお行方不明です。さらに、中国政府は別人をパンチェン・ラマ十一世として祀《まつ》り上げ、この中国政府版のパンチェン・ラマ十一世を崇拝するようチベット人に強いています。

このような状況で、チベット人が中国共産党に敬意と忠誠を抱くと、中国政府は本当に思っているのでしょうか。安定と団結は、銃と弾圧では得られません。中国政府は、チベットの文化、宗教、人々の感情に敬意を払わなければなりません。「チベット仏教を中国流の社会主義に適合させる」という習近平国家主席の政策は、チベット人を傷つけるだけではありません。ヒマラヤ地域のすべての人々が激怒するでしょうし、国際社会は非難の声をあげるでしょう。習近平国家主席の政策は、宗教の自由および中国の憲法に対する重大な違反です。

また、中国日報も、習近平国家主席の発言を引用しています。

「貧困削減を集中的に行うために、さらなる作業、対策、支援が必要だ」

チベットが貧しい国であったことは一度もありません。外部の物質的評価だけでは貧困は測れません。人々が幸福に感じているかどうかが大事です。チベット人は自給自足的な生活を送り、高い精神性を持ち合わせており、生活への満足度は高いです。中国政府の統治以前に、チベットで飢饉や飢餓があった話は聞いたことがありません。中国政府の統治が始まってからは、一九六一〜一九六四年と一九六八〜一九七三年の二度の飢饉が発生し、多くの命が失われました。習近平国家主席の言う「貧困削減」とは何のことでしょうか。

チベットには、セメントの道路、高速道路、鉄道、空港は少ないかもしれません。それでも、チベット人は、家畜を連れて遊牧していました。今日、チベットにあるのは、二十四時間体制の監視です。海外はおろかチベット内ですら移動することは認められていません。どこに発展があるというのでしょうか。

習近平国家主席のスピーチは、中国共産党の政策の失敗を覆い隠すものです。同時に、チベットに厳しい時代が訪れることを予感させます。習近平国家主席は、チベットでの監視を強化し、チベット仏教を中国共産党のイデオロギーに適合させるよう求めています。習近平国家主席のスピーチは、インドを含む近隣諸国にとってもいいものではありません。中国政府は、軍の基地やミサイル発射場を建設することにより、聖なるカイラス山やマナサロワール湖をも軍事化しています。

中国政府は、仏教徒とシヴァ神とその妻パールヴァーティーの土地（訳注：チベットのこと）を使って、ブッダとシヴァ・マハデブの土地（訳注：インドのこと）とその人々を攻撃しています。インド国境で今起きていること、ネパールで中国政府が密かに行っていること、負の部分が多い一帯一路構想は、中国政府の拡張政策を明確に示しています。覇権主義の野望を実現するため、中国政府はチベットに対する締め付けを強め、「鉄壁の盾」をつくっています。

インドや国際社会は、チベットを問題として見るのではなく、解決策と見なければなりません。中国は、チベットを使って拡張政策を実現させようとしています。インドと中国の緩衝地帯であったかつてのチベットを取り戻し、ダライ・ラマ法王が提案しているようにチベットを「平和地帯」とすることが、巨龍を封じ込め、国境地帯に平和と安定をもたらす究極の解決策です。

最後に、習近平国家主席の言葉には実効性がないという見方もあります。習近平国家主席が攻撃的で強い言葉を発するのは、新型コロナウィルスのパンデミック以降直面している国内批判をかわす狙いがあると言えます。

第二部　チベットの文化

第二十章

チベットの新年ロサルの紹介

本章の記事は、2020年2月21日に、https://tibet.net/a-brief-introduction-to-losartibetan-new-year/ に掲載されたものです。

ロサルの初日にツクラカン僧院で長いホルンを吹く僧侶たち
（写真：チベット亡命政権テンジン・ペンデ）

チベットの新年をロサルと言います。今年（二〇二〇年）チベット歴の一月一日にあたります。子《ね》年のロサルは、西暦の二月二十四日にあたります。ロサルは最も多くの祝賀が行われる時期の一つです。新年の一、二週間のうちに、仏教、文化、結婚などのイベントが数多く行われます。この時期は、チベットの優美な文化を目にし、堪能することができます。老若男女を問わず、すべての人が素晴らしい伝統衣装を身にまといます。家、僧院の屋根、丘には、カラフルな祈りの旗がはためきます。あいにく、チベット本土のチベット人は、ロサルを十分に祝うことができません。チベット人のアイデンティティ、文化に関する祝賀のためにチベット人が集うことが中国共産党への脅威になると中国政府が考えているからです。

ロサルの前の二日間、つまり、前年の最終月の二十九、三十日も、ロサルの祝賀の準備を行う重要な期間です。二十九日はニシュグと呼ばれ、家族が一堂に会して、夕食にグトゥクという料理を食べます。グトゥクとは、九つの食材から成る粥あるいは麺です。また、ルーという身代わりの人形を使った悪霊払いも行われ、家族の厄を払います。三十日はナムガンと呼ばれます。祭壇や家の準備や飾りつけはナムガンの夜までに終わらせなければなりません。男性は二十九日に、女性は三十日に身を清めます。そして、清らかな心身で新年を迎えます。

ロサルの祝賀の期間は、地域の伝統により異なります。しかし、最初の三日間が非常に重要と考えられています。ロサル初日はラマ・ロサルと呼ばれます。人々は僧院を訪ね、僧侶に敬意を払い、祝福を受けます。この日は通常家族だけで過ごします。二日目はギャルポ・ロサルと呼ばれます。ギャルポは王を意味します。公式な祝賀はこの日に行われます。三日目は、チョキョン・ロサルと呼ばれます。チョキョンは守護神を意味します。この日には、祈りの旗が丘や家の周りに掲げられます。そして、守護神をなだめるべく、お祈りが行われます。

ロサルの間、各家庭にある祭壇は、縁起の良いお供え物で溢《あふ》れます。これは、前年の幸運を、自然、土着の神、守護神に感謝し、新年の祝福をお願いするチベット流のやり方です。ここで、祭壇に通常お供えされる物を紹介したいと思います。その代表的なものは、デルカ、ヨン・チャブ、ロ・プー、チャン・プー、ルク・ゴ、ボ、チェマルです。

デルカは、揚げたクッキーを積み重ねたものです。デルカは、ボンブ・アチョクやその他の食べ物とともに祭壇に供えられます。デルは皿を、カは口を意味します。したがって、デルカは、たくさんの食べ物が載った大皿を意味します。また、ボンブ・アチョクはロバの耳を意味します。ロバの耳と呼ばれる理由は、その形状にあると思われます。ボンブ・アチョクの長さは一フィートほど、幅は五インチほど、高さは三、四インチです。熱い油の中に浸して調理され、固く、丈夫になります。

このボンブ・アチョクは、デルカを置くための土台となります。ボンブ・アチョクの段数は八、十、

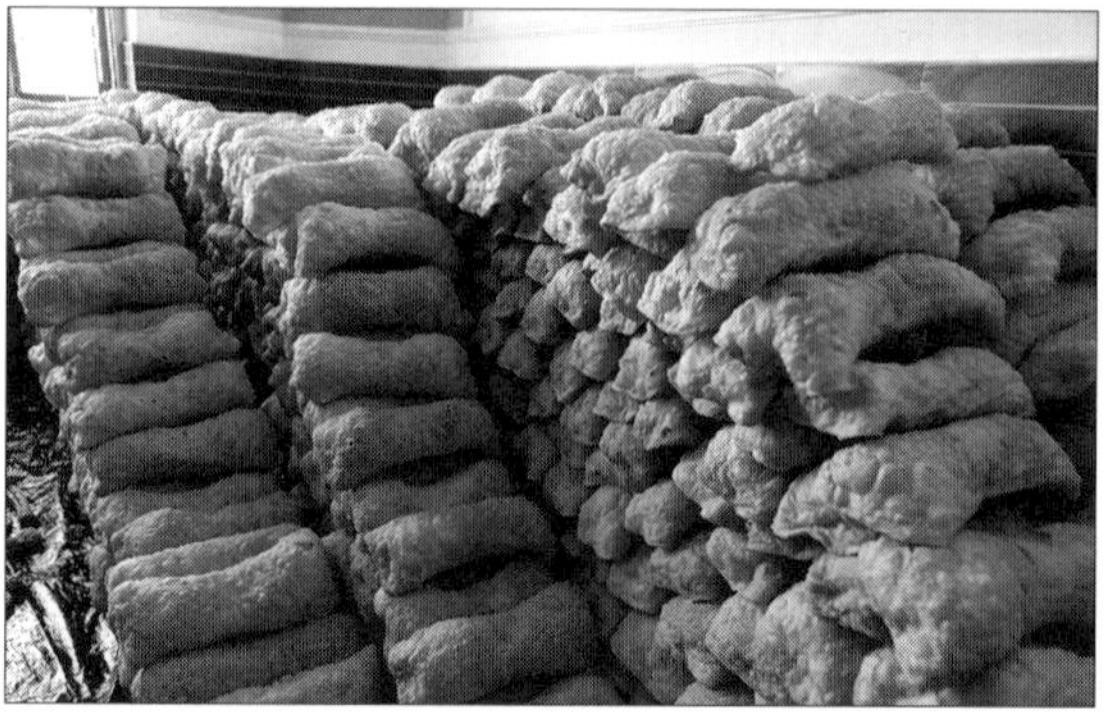

ボンブ・アチョク

ブルク・コルロ

ニャプシャ

（写真：チベット亡命政権テンジン・ペンデ）

十二など偶数です。土台がボンブ・アチョク三段分になっていると考える場合は、ボンブ・アチョクの段数は奇数になります。デルカは六種類のクッキー（アチョク、ニャプシャ、タシ・ムドゥン、コンチェ、ブルク・コルロ、ピンピン・ドクドク）から成ります。これらのクッキーはそれぞれ違う形をしています。デルカをつくる際は、八つの幸福の印の形を想定して行います。ボンブ・アチョクの上に、ニャプシャ一組、タシ・ムドゥン一組、コンチェ一組、ブルク・コルロ、ピンピン・ドクドクの順で積み重ねます。

公式あるいは僧院のデルカの場合、ボンブ・アチョクは口（凹んでいる方）を下向きにします。しかし、一般家庭の場合は口を上向きにします。この理由は、一般家庭の場合は、口の部分に様々な食べ物を入れるためだと言われています。

また、公と一般家庭のボンブ・アムチョクの向きが逆であることで、両者の良好なコミュニケーションが生まれ、社会の調和が維持できるという説もあります。

また、別の説もあります。チベット社会では、椀、カップ、容器などの調理器具は口を下にして置きます。食器を洗った後、口を上にして置くと、下向きに置くように周りの人から諭されるでしょう。これは、チベットが神々、魂、幽霊の土地であることと関係します。人間を傷つけようとする悪霊を神々は屈服させようとします。神々が悪霊を追いかけると、悪霊は食器の中に身を隠そうとします。神々は神聖で清潔なため、人間の食器の中には入れません。食器の中に身を隠した悪霊は、神々に捕らえられません。悪霊が食器の中に逃げ込まないよう、チベットでは、すべての食器は口を下にして置かれるのです。

続いて、ヨン・チャブですが、これは、水の形態をしたお供え物という意味です。ヨン・チャブは、ブッダへの七つのお供え物を意味する七つの鉢です。この七つは、説法のための供え物、足を洗うための水、美しくするための花、空気をきれいにする香、ランプ、香水、食べ物です。

次に、ロ・プーですが、これは、大麦の若葉を意味し、一年の豊作を象徴するものです。

チャン・プーについてですが、チャンは大麦酒を、プーは最初を意味します。つまり、チャン・プーは、神々に感謝して新年に祭壇に捧げられる最初の大麦酒です。

ルク・ゴは、パン生地でつくられた羊の頭です。羊は家族の幸せを守ると考えられています。そのため、ルク・ゴは、幸福と健康を願って祭壇に置かれます。

ロ・プーやジャン・プー

ボは、炒った大麦を入れるための木製の容器です。ボには二つの箱があります。右側の箱には大麦をそのまま、左側にはツァンパ（炒った大麦を粉状にしたもの）を入れます。両方とも装飾用の木を添えて、コーン状の形で置かれます。人が訪ねてきた場合、この大麦が渡され、幸福を願う挨拶が交わされます。

以上が、ロサルの祝賀で使われる物品の紹介です。しかし、この章で紹介できた内容はチベットの伝統的なロサルの一割ほどでしかありません。チベットには、オペラ、ダンス、歌の豊かな伝統がありますす。ロサルの時期には、人々は数晩、踊り、歌います。結婚の儀式も数日続きます。

悲しいことに、中国によるチベット統治が始まってから、華やかで賑やかなロサルはチベットでは見られなくなりました。それでも、チベット内外のチベット人は、いつの日かチベットに幸せの太陽が輝き、かつての自由な暮らしを送ることができるようになると信じています。

第二十一章

チベットの祈りの旗ルンタとその起源

本章の記事は、2021年1月10日に、https://tibetpolicy.net/a-short-note-on-lungtaa-tibetan-prayer-flag-and-its-origin/ に掲載されたものです。

インドのムスーリーのラギャル・リにはためくルンタ（写真：著者）

チベット語で、ルンは空気あるいは風、タは馬を意味します。したがって、ルンタは空気の馬あるいは風の馬を意味します。ルンタは、私たちのエネルギーと生きる力を運び、私たちのメッセージを神々に届ける聖なる馬です。チベット人居住地域に足を踏み入れれば、丘、尾根、山の木々に水平にかけられたカラフルな旗に出迎えられるでしょう。これがチベットの祈りの旗ルンタです。ルンタは、密教を信仰するヒマラヤ地域、チベット文化を共有する地域で見られます。

ルンタとは何を意味するのでしょうか。チベット医学、占星術では、健康全般を評価する際に、ルス、ラ、ソク、バン、ルンタの五つが非常に重要だと考えられています。この五つをおおまかに一言で言うと、それぞれ、肉体、魂、生、力、幸運という意味になります。[※1]この最後

インドのムスーリーのラソル・リにはためくルンタ(写真:著者)

のルンタが、人々に幸福をもたらす幸運です。

ここで言う幸運は、物質的な富や豊かさのことではありません。人の存在のすべての側面、不可欠なエネルギーのことです。

一般的に、物事がスムーズに行くかどうかは、個人のルンタのレベルによります。ルンタのレベルが高ければ、仕事はスムーズにうまくいき、目標を叶えることができます。ルンタのレベルが低ければ、逆の状況になります。

ルンタは、元々は、kLung-rtaと綴《つづ》られていましたが、その後、風の馬を意味するrLung-rtaと綴られるようになりました。ルンタは、人々の幸せと不可欠なエネルギーを運びます。ルンタが速く走れば、人々の幸福も増します。物事はうまく行き、すべてのポジティブなエネルギーの要素が助けとなります。ルンタ・ダルバ、ルンタ・ギャスパ、ルンタ・ギュクパは、

虎、獅子、鳳凰、龍、風の馬が描かれたルンタ

繁栄するルンタ、拡大するルンタ、走るルンタを意味します。これらはすべてポジティブなルンタです。一方、ネガティブなルンタもあります。ルンタ・チャクパ、ルンタ・ニャンパ、ルンタ・グパは、落ちたルンタ、縮小するルンタ、落ち行くユンタを意味します。チベットには、「弓を射る際、的に当たるかどうかは疑いなくルンタによる」[※2]という諺《ことわざ》もあります。

したがって、ルンタが健康で空を駆け巡ることができるように注意することが重要です。ルンタは、縁起のいい日、とりわけ、ロサルの時期に掲げられます。物事がうまく行かないとき、人々はルンタを掲げ、香を焚《た》きます。神々にお供え物をし、祈ることで、ルンタを元気づけます。

ここで、典型的なルンタの見栄え、ルンタに書かれていることについて説明したいと思います。ルンタは、長方形あるいは正方形の綿の旗で、黄、緑、赤、白、青の五色から成ります。これらの色は、土、水、火、雲、空を意味します。ルンタの四隅には動物が描かれています。右下には虎、左下には獅子、左上には鳳凰、右上には龍が描かれています。中央には願いを叶える宝石を運ぶ風の馬が描かれています。また、動物の間には、障害を取り除くための祈りの言葉が書かれています。

次に、風の馬以外の動物が何を意味するのかを説明します。占星術では、虎は肉体と力を、獅子は魂と雪山を、鳳凰は生と空を、龍は力と湖を意味します。一方、サムテン・カルメイ教授は、古代の文献には獅子が幸運を、馬が魂を意味すると記されていると述べています。[※3] 現在の一般的なチベット人は、虎は肉体の健康、獅子は魂の健康、鳳凰は生、龍は力、馬は幸運を意味すると考えています。[※4] ルンタにより、人々の幸福は大きくなり、生きる力、健康的な肉体、力強い肉体、生き生きとした魂が保証されるのです。

ここで重要な疑問があります。どのようにしてルンタが始まったかという点です。起源は仏教なのでしょうか、それとも、チベット土着のボン教でしょうか。参照できる文献はごく僅《わず》かです。サムテン・カルメイ教授が翻訳、編纂《へんさん》した「黒い頭をした小さい男」という文献があります。[※5] この文献が、私たちをチベットの神話の時代へと案内してくれます。この文献には、ルンタの起源について役に立つ情報が記されています。

カルメイ教授は次のように述べています。

「この文献は、ティソン・デツェン王（七四二〜七九七年）の時代のものとされていますが、フビライ・ハンに関する記述が出てきます。したがって、十三世紀よりも前の文献ではありません」

この文献には、宇宙とチベット人の始まりに関する六つの歌と詩が掲載されています。

宇宙卵から生まれたのは、原始の願いの神であるシパ・サンポ・クリ（イエモン・ギャルポ）です。そして、リパ・サンポ・クリから、神、魂、人間の祖先となるピャバ、ム、ツク、ニャン、イエ、ガムが生まれました。

ピャバ神ヤブラダルドゥクの三十七人の子供の末子リパ・ネクロムは、人類を創るため、地球に遣わされました。リパ・ネクロムはピャバの女性と暮らし、息子ティンポを生みました。そして、ティンポからは、トム、ギャ、ホル、ボ、ジャン、モン（それぞれ、ペルシャ、モンゴル、チベット、雲南、インドのこと）が生まれました。※6

リパ・ネクロムの孫の一人であるアニェ・クリト・チェンポには、ニャンザ、ムザ、リンザという三人の妻がいました。ニャンザは、ドン、ブラ、グルという三人の息子を、ムザはガという一人の息子を、リンザはバとダという二人の息子を生みました。

ある日、クリトがラリ山でヤクを放牧していると、悪魔界からやってきた盗賊七人がヤクを盗んでいきました。激怒したクリトは、盗賊を襲撃しようとしました。しかし、盗賊を追うと怪我をするかもしれないと妻ニャンザは心配しました。そして、ニャンザは巨大な蛙に姿を変え、クリトの行く手を阻みました。しかし、蛙が妻だと知らないクリトは、激怒して、蛙を殺しました。ニャンザの悲痛な叫び声を聞いたニャンザの父ニャンガン・デバは、クリトを矢で射殺しました。

インドのダラムサラのラギャル・リではためくルンタ（写真：著者）

その後、クリトの六人の息子は、父の敵討ちをすると誓いました。まず、父を射殺したニャンガン・デバに補償を求めました。そして、六人は、龍、鷲、ヤク、虎、山羊、犬を、それぞれ受け取りました。しかし、山羊と犬を受け取ったバとダは、補償に満足せず、国境を目指して旅立ちました。上記の六人は、チベットの六つの部族であるセ、ム、ドン、トン、ラ、ルの祖先として知られています。※7

龍、鷲、ヤク、虎を受け取った四人は、これらの動物を戦の神と見なし、戦闘心を高め、父の死の引き金となった悪魔の国の盗賊に戦いを挑みました。そして、最終的に、悪魔の国の王カッパ・ラグリンを屈服させました。その後、この四種の動物は、チベットの主要四民族のシンボルとなりました。ルンタには、チベット人の幸福を描く存在として、この四種の動物の絵が描かれるようになりました。カルメイ教授によると、獅子がチベットのエンブレムに

なった時期に、ヤクが獅子に置き換えられたということです。[※8]

中国には、ロンマという言葉があります。ロンは龍を、マは馬を意味します。つまり、ロンマは龍馬を意味します。学者の中には、ルンタは中国語のロンマに由来しているという人がいます。しかし、ロンマをチベット語訳すると、ルクタとなり、ルンタにはなりません。ロンマの「ロン」の部分の中国発音を使い、「マ」の部分の意味をチベット語訳すると、ルンタに近くはなりますが、このようなことはないでしょう。なお、中国では、龍は、力、富、幸福を意味する縁起の良いシンボルと考えられています。

日本には、ルンタに似た絵馬というものがあります。絵馬は、馬の絵が描かれた木の板です。絵馬の起源は神道ですが、現在

成田山新勝寺の絵馬（写真：著者）

では、神社でも寺院でも見られます。人々は、願いや祈りを絵馬に記し、掲げます。馬が神にメッセージを伝えると考えられているのです。そして、神社や寺院の行事の際、これらの絵馬は焼かれます。チベットのルンタは、相互依存をよしとするチベット文化、神、星、人間、動物の調和を表すものです。神々、魂への畏敬の念、自然への敬意、動物への愛、調和をルンタは表しています。このことは、宇宙の祈りの日であるザムリン・チサンによく反映されています。[※9] ザムリン・チサンは、古よりチベット人が守ってきた世界平和と調和に貢献するための祈りの日です。

以上のようなルンタの重要性に鑑み、世界中の多くの社会科学者が、チベット文化を理解し、保存することが、世界平和と調和のために必要不可欠だと考えています。

註

※1 この順は、口語のタク、セン、キュン、ルグ、タ、および旗の絵に基づいている。メンツィカンでは、ソク、ルス、バン、ルンタ、ラの順を使う。

※2 rgyad dang mi rgyag the tsom som nyi med, thebs dang mi thebs lung ta' i steng shod re
རྒྱག་དང་མི་རྒྱག་ཐེ་ཚོམ་སོམ་ཉི་མེད། ཐེབས་དང་མི་ཐེབས་རླུང་རྟའི་སྟེང་ཤོད་རེད།

※3 Samten Karmay, The Arrow and the Spindle, p-419

※4 སྟག་སེང་ཁྱུང་འབྲུག་རླུང་རྟ་དར། ལུས་སྲོག་དབང་ཐང་རླུང་རྟ་རྒྱས།

※5 Samten Karmay, The Arrow and the Spindle, p-245

※6 སེ། རྨུ། ལྡོང་། སྟོང་། དབྲ། འབྲུ།

※7 History & Religious History Reader VI Part II, Sherig, p-3-4. Mi' u gdung drug: se, rmu, ldong, stong, dbra and 'bru

※8 Samten Karmay, The Arrow and the Spindle, p-418

※9 ザムリン・チサンは、チベット歴五月の満月の日（西暦では通常七月）にあたる。ザムリン・リサンは、八世紀のティソン・デツェン王の時代に始まった。グル・リンポチェ（訳注：パドマサンバヴァのこと）が、サムイェ僧院建設の成功を願って、祈りと純化の儀式を行ったことが起源とされる。これ以降、ザムリン・チサンは、世界平和と調和に貢献するための祈りの日となった。

第二十二章

チョトゥル・ドゥーチェン（モンラム祭）

チベットの大祈願祭

本章の記事は、2019年2月19日に、https://tibet.net/chotrul-duschen-the-greatprayer-festival-of-tibet/ に掲載されたものです。

2019年2月にチベットで祝われたチョトゥル・ドゥーチェン（写真：Sichuanfun）

チュトゥル・ドゥーチェンは、チベットの新年ロサルのすぐ後にやって来る大祈願祭です。かつてはチベット本土で毎年、宗教的な情熱を持ってチュトゥル・ドゥーチェンが祝われてきました。僧侶、尼僧、役人、あらゆる仏教徒がラサのツクラカン僧院に集って祈りを捧げ、ジョウォ・リンポチェと神々の祝福を受けます。この祭の起源はインドです。今日のビハールにあたるシュラヴァスティで、六人の異端の指導者に秘術でブッダが勝利をおさめたことを讃えるための祭として始まりました。祭は縁起のいい月に行われ、インドのダルマの王によって祝われました。その後、チベットの王や仏教徒も何らかの形で祝賀を行うようになりました。

チュトゥル・ドゥーチェンを公式な行事としたのは、チベット仏教ゲルク派の開祖ジェ・ツォンカパです。一四〇九年のことでした。最初に公式な祭が行われたのはラサでした。このとき、ツクラカン僧院で、ジョウォ・リンポチェと神々の像に人々は祈りを捧げました。祭は、セラ僧院とデプン僧院の僧侶によって始められました。その後、他の人々も集い、参加者は八千人超となりました。祭は十五日間続き、人々は、平和と、生きとし生けるものの繁栄を願いました。

一六一四年、パンチェン・ラマ四世ロサン・チョギャルは、祭の際に、セラ、デプン、ガンデンの各僧院の僧侶のゲシェ・ラランパ（訳注：博士号）の試験を行うことに決めました。僧侶は、人々の前で、ディベートを行い、学識を試されました。合格者には、ゲシェの学位が授与されました。祭では、チベットの仏教ダンスであるチャムが披露され、巨大なタンカ（訳注：仏画）が人々の前に姿を現しました。そして、人々は祝福を受けました。その後、チュトゥル・ドゥーチェンは、ラダン・モンラム・チェンモの名でも知られるようになりました。それ以降、一九五九年の中国によるチベット統治開始まで、数回の例外を除いて、毎年、チュトゥル・ドゥーチェンが祝われました。チベットの様々な場所に暮らす僧侶、尼僧、一般人がラサに集い、祭に参加しました。

一九五九年のチュトゥル・ドゥーチェンの十三日目には、ダライ・ラマ法王がゲシェ・ラランパの試験を受けられました。この時期は、ダライ・ラマ法王自身がチベットのトップとして多大な責任を抱えると同時に、中国によるチベット侵攻で状況が緊迫していました。この困難な時期に、ダライ・ラマ法王自身が研鑽《けんさん》を積まれ、試験を受けられたのです。なお、今年（二〇一九年）は、ダライ・ラマ法王がゲシェ・ラランパの試験を受験されてから六十年目にあたります。この当時のことについて、ダライ・ラマ法王は著書「チベットわが祖国」の中で次のように述べられています。

「ラサで毎年開かれるモンラム祭で行われる最終試験の会場に出向きました。最終試験を受けられること、ブッダの偉大な教えを何年も学んだ後に形而上学の学位を授与されることを、嬉しく誇りに思っていました」

インドへの亡命後、ダライ・ラマ法王は、高僧たちを西ベンガルのバックサ、次いで、南インドへ住まわせました。規模は縮小されましたが、チュトゥル・ドゥーチェンは続けられました。一九六九年、ダラムサラにツクラカン僧院が建設されると、ダラムサラでチュトゥル・ドゥーチェンが祝われました。これ以降、毎年、チュトゥル・ドゥーチェンが祝われ、ダライ・ラマ法王は一般の参加者に向けてティーチングを行っています。

チュトゥル・ドゥーチェンでは、バターでつくられたお供え物も有名です。これは、満月のお供え物として知られており、ギュト僧院とギュメド僧院の僧侶が交互につくります。バターでつくる彫刻はチベット仏教独自の芸術で、ケーキの上にブッダ、神々、動物などを模ったバターの彫刻が置かれます。彫刻はツクラカン僧院に飾られ、色とりどりのバターでつくられた聖なる像を見て、人々はその美しさを味わいます。

今年は、ダライ・ラマ法王がゲシェ・ラランパの試験を受けられてから六十年にあたります。今年は、チベット占星術では亥年にあたり、ダライ・ラマ法王にとっては厄年にあたります。チベット人、そして、ダライ・ラマ法王を信奉する人々は、敬虔《けいけん》な行いをし、ダライ・ラマ法王の教えを実践することにより、ダライ・ラマ法王に降りかかる災厄を祓《はら》わなくてはなりません。

中国がチベット統治を始めてから、チベットでは、チュトゥル・ドゥーチェンは禁止されています。中国は、宗教の自由を示すために、一九八六年からの二、三年はチュトゥル・ドゥーチェンを認めました。しかし、人々が祭に集うことが中国政府の弾圧政策への抗議につながる恐れがあると考えた中国政府は、これ以降、チュトゥル・ドゥーチェンを禁じています。今日、ラサのバルコル周辺や僧院のチベット人の動きは、中国政府により厳しく監視されています。しかし、中国政府は厚かましくも、チベットには宗教と文化の自由があると主張しています。

第三部　チベットと日本の今

第二十三章

世界人権デーの東京に人々が集う

中国と全体主義国家への弔鐘

東京銀座で行われたピースマーチ。ミャンマー、カンボジア、イラン、ウクライナ、ベラルーシ、チベット、ウイグル、南モンゴル、台湾、香港、中国、日本の人々が参加した（2022年12月10日、写真：FB/SM）

今年、東京で開催された世界人権デーのイベントには、様々な国や地域の人が集いました。集った人の規模を考えると、世界の様々な場所で、人権侵害や宗教迫害が行われていることがうかがえます。イベントモデレーターの金田太郎氏によると、このイベントは、元々チベット人が行っていたもので、その後、ウイグル人と南モンゴル人、そして、そのサポーターが参加するようになったということです。しかし、今年は、さらに国際色が濃くなりました。実に十を超えるコミュニティの人々とサポーターが集ったのです。

これは歴史上類を見ないものです。これほどまでに多くの人々が集ったのはなぜでしょうか。本章では、今回のイベントと抗議の意味について検証したいと思います。人権とは何なのかを検証し、人権侵害の背後にいる人々をあぶり出し、世界を人権侵害から守る術について考えます。

人権とその推進

一九四八年十二月十日に採択された世界人権宣言では、人権は「人間社会のすべての構成員に内在する尊厳、平等で不可分の権利であり、世界の自由、正義、平和の基盤」として認められています。世界人権宣言の下、すべての人々は生まれながらにして自由であり、平等な尊厳と権利を持っているのです。これらの基本的人権は、国連憲章により保護されています。

2022年12月10日の世界人権デーに東京日比谷公園図書館ホールで行われたトークイベント。ミャンマー、カンボジア、イラン、ウクライナ、ベラルーシ、チベット、ウイグル、南モンゴル、台湾、香港、中国、日本の人々がチベットの代表者のスピーチに耳を傾ける。（写真：THJ）

世界人権宣言採択の日から七十四年がたちました。私たちの世界はよくなったのでしょうか。世界人権宣言を起草した人たちが夢見た世界を私たちは手にしたのでしょうか。世界人権宣言は、人権とその重要性の啓蒙と理解に大きな役割を果たしてきました。しかし、人権宣言で謳《うた》われたことは、多くの国では十分に実現できていません。この悲しむべき現状の理由は、自由な世界の指導者が国益、貿易、経済を重視するあまり、全体主義をある程度許容し、譲歩してしまっている点にあります。これにより、人権宣言の効力が薄れてしまっているのです。今日、中国、ロシア、北朝鮮をはじめ、多くの国で、独裁主義が栄え、誰の目を気にすることもなく人権侵害が行われているのです。

　冷戦が終結し、イデオロギーとしての共産主義が終焉《しゅうえん》した今の世界は、民主主義国家と全体主義国家に二極化しています。人類の歴史の中には、君主制の時代がありました。その時代は、土地と民衆は、支配する君主に所属していました。これに対し、人々は声を上げました。そして、共和国が生まれ、民主主義と共産主義が人々を導く指針となっていきました。今日、民主主義と共産主義は、一般市民の方を向いておらず、全体主義と独裁主義に変容しつつあります。この最たる例が、ロシアのプーチン、中国の習近平、北朝鮮の金正恩、ベラルーシのルカシェンコ、カンボジアのフンセンです。

今、再び人々が立ち上げるべき時がやってきました。全体主義体制を打倒し、民主主義と法による統治を救うためです。人権は、国際的、普遍的に必要不可欠な価値観です。人権侵害は当事国、当事者だけの問題ではないことに人々は気づいているはずです。人権侵害は、人道、国際社会の問題なのです。

世界人権デーの東京

十二月十日、百人を超える人々が、東京日比谷公園図書館ホールに集い、故郷で起きている人権侵害に抗議の声を上げました。ミャンマーの代表者は、国軍統治下の民衆の苦しみに目を向けてほしいと、聴衆の感情に訴えかけました。The Cambodian Rescue Missionは、一九八五年以降の独裁者フンセンの下での自由の欠如に付いて語りました。Stand with Ukraine Japanは、ウクライナの現状、ロシアによるウクライナの違法占拠について語りました。イラン人元外交官は、現政権による反体制派の弾圧について語り、イラン政府への制裁を国際社会に求めました。ベラルーシの代表者は、ベラルーシでの人権状況の悪化に触れながら、ウクライナとの連帯を示しました。チベット、ウイグル、南モンゴルの代表者も故郷の人権侵害について語りました。Taiwan, Hong Kong, and Federation, and the Democratic People's Front of China は、三期目に入った習近平政権下での恐怖と不確実性について語りました。

トークイベントの後、人々は銀座に繰り出し、ピースマーチを開始しました。主催者によると、ピースマーチには、多くの日本人と外国人サポーターが加わり、その数は五百人になったとのことです。人々は、国旗、プラカードを掲げ、それぞれの言語で代わる代わるスローガンを叫びました。人々は、全体主義とその凶悪犯罪について訴えました。

中国の習近平、ロシアのプーチン、北朝鮮の金正恩などの独裁者は、現状を体系的に変更し、国際規範違反を繰り返してきました。彼らこそが、世界の様々な場所で人権侵害を行っている独裁体制の背後にある燃料とエンジンなのです。独裁社会が存続し続けていることが、世界の安定と平和を阻む障害なのです。

ロシアが習近平の支援を受けウクライナを侵攻しています。ウクライナの破壊は続き、人々は避難を余儀なくされています。この事実は、プーチンや習近平のような独裁者のいる世界は安全ではないことを明確に示しています。ロシアによるウクライナ侵攻から十か月以上が経過しています。国際社会はロシア非難を続けていますが、侵攻の終わりは見えません。国連の完全なる失敗です。この人道に対する残忍な行為に、習近平が加担していることは明白です。

中国：人権侵害国家

中国は、国連創設に携わった国家です。それにもかかわらず、国連が中国の人権・宗教の自由の侵害に対する非難決議を発出しようとする度に、妨害を繰り返しています。二〇二一年六月、国連人権理事会は、チベット、ウイグル、香港の人権状況を懸念する共同声明を出しました。四十四か国がこの声明を支持し、中国を非難しました。しかし、中国は周到に根回しを行い、六十九か国が声明に反対する結果となりました。そして、声明は否決されました。中国を支持したのは、全体主義国家、そして、一帯一路の債務トラップにはまった国家でした。

二〇二一年十月、中国は強烈なロビー活動といじめ戦略を行い、国連のミシェル・バチェレ人権高等弁務官のウイグルに関する報告書を跳ねつけました。この報告書では、ウイグルでの人権侵害、人道に対する犯罪について記されていました。中国共産党は今、非道かつ強力な債務トラップ戦略を使って、国際規範、秩序をかき乱しています。債務トラップ戦略は、全体主義を啓蒙し、国の自由を損なうこの上なく危険なものです。中国は、債務トラップにはまった国を人質に取り、国際規範に抗い、力で覇権を広げようとしているのです。

中国の人権侵害、宗教弾圧は公然の秘密となっています。国連は、中国を非難し、説明責任を果たさせることができなくなっています。拒否権を悪用し続ける中国は、我が道を行き、あらゆる批判を無視しています。国連憲章、規範の目的は失われたのです。

独裁者習近平

今年、習近平は、自身の任期を延長するため、疑わしい邪悪な手法を用いました。中国の憲法を無視し、反体制派を弾圧しました。習近平の三期目は、世界の安全と平和にとって悪い予感を抱かせます。中国、チベット、ウイグル、南モンゴル、台湾、香港、そして、隣国は、習近平の三期目がもたらす混乱を抑え込むのに苦労することでしょう。

中国の人々は長期にわたり中国共産党に弾圧を受けており、その我慢は限界に達しています。習近平のゼロコロナ政策に我慢できなくなった人々は、非難の声を上げています。ゼロコロナ政策は、新型コロナウィルス感染者とその関係者全員を拘束し、その声を封じるものです。言わば、埃《ほこり》をカーペットの下に隠す戦略であり、厳しいだけでなく誤った政策であると言えます。この政策に人々は抗議し、習近平の退任を求めたのです。

抗議活動は二十以上の都市に広がり、多くの人が参加しました。集った人たちは、「これまで沈黙している間にすべてを失った。もはや失う物はない。今、沈黙を破り、声を上げる。失ったものを今再び手に入れる。」と声を上げました。彼らは、大胆にも公然と、習近平の退任と中国の自由を求めたのです。中国人、チベット人、ウイグル人が通りに繰り出し、習近平の愚策と残忍な統治に勇敢に抗議したのです。世界中の人々が中国の人々と心を一つにしました。この抗議によって明らかになったのは、中国人が中国共産党の政策、習近平のリーダーシップを快く思っていないということです。また、習近平政権の脆《もろ》さも透けて見えました。中国を共産党の支配から解放し、民衆の手に渡すべく、国際社会が手を差し伸べなければなりません。これは、中国人のためだけではありません。世界の平和、安定への大きな寄与となるのです。

――脅威が迫る日本

日本は平和憲法を持つ平和的な民主主義国家です。この数十年間、日本は中国の挑発を受け入れ続けてきました。これは、いつの日か中国という国が変貌《へんぼう》を遂げ、恩に報いてくれると信じてきたからです。しかし、中国の攻撃的な姿勢は留まるところを知らず、日本政府は防衛にさらに注力することを余儀なくされました。今年、衆参両院で、中国の人権侵害に対する非難決議が可決されました。これは、QUADの連帯を強め、インド・太平洋における中国軍の活動を阻むことにつながります。安倍晋三元総理は、攻勢を強める中国の挑発を警戒するよう国際社会に対し繰り返し求めてきました。ロシアによるウクライナ侵攻、北朝鮮の繰り返されるミサイル発射は中国の支援を受けて行われています。日本が中国に警戒感を抱くのは当然です。日本政府は、防衛費をＧＤＰの二％にまで増額する決定をしました。これにより、日本の防衛予算は、アメリカ、中国に次いで、世界三位となります。

中国は台湾を占領しようと、脅迫を続けています。最近では、日本海にミサイルを発射しました。これは、傲慢《ごうまん》な挑発以外の何物でもありません。責任ある普通の国家がこのような挑発をするはずはありません。習近平は、自身の三期目の間に、台湾を中国の統治下に置くことを宣言しました。危険極まりないことです。第三次世界大戦につながる危険をはらんでいます。中国のみならず世界を混沌《こんとん》と破壊に導くことになります。世界は、これを止めなければなりません。

――軍事化されたチベット

かつてのチベット高原は、最も平和的な地域として知られていました。しかし、今は、世界で最も軍事化された地域となっています。この数年間、チベットは外界から閉ざされています。チベットに出入りする人は皆無と言っていいです。かつては、チベット本土のチベット人は、海外に亡命したチベット難民と携帯電話、チャットなどで連絡を取ることができました。しかし、現在、これらの通信手段は監視、ブロックされています。海外との通信を試みるチベット人は、逮捕され、スパイ罪、国家機密漏えい罪などの罪を着せられ、拷問を受けます。チベット外に暮らす親族の情報も強制的に押収されます。

言語も問題です。中国語が第一言語として持ち込まれ、チベット、ウイグル、南モンゴルの子供達は、自宅から特殊寄宿学校へと連行され、中国語、中国共産党の歴史、共産主義のイデオロギーを教育されます。子供たちが休暇で自宅に戻ると、母語を思い出せなくなっています。すべての感覚、思考が変えられてしまうのです。

チベット僧が中国人に仏教を教えることも禁じられています。中国人がチベット僧から仏教を習うのも禁止です。中国人とチベット人の交流が増せば、政権にとっての危機になると中国共産党が考えているからです。したがって、分裂主義者という集団がいるとすれば、それは中国共産党の指導者に他なりません。

習近平が掲げる一つの中国政策とは、国、人民、言語を一つにすることです。習近平は、国家を一新し、中国版の社会主義イデオロギーをつくると繰り返し述べています。チベット、ウイグル、南モンゴル、その他の民族にとってとても危険なものです。民族のアイデンティティ、言語、文化を抹殺し、中国化する狙いがあるからです。ここではっきりさせておきたいのは、中国の一般市民はこのような残虐な政策に同意しないであろうということです。これは、中国人ではなく、中国共産党の政策なのです。

中国：国際社会への脅威

中国共産党の政策の本質は領土拡大です。中国は、チベット、満州、東トルキスタン（ウイグル）、南モンゴルを侵攻しました。その侵攻はネパール、インド、ブータンにも及んでおり、国境問題を引き起こしています。つい先週、中国は一方的に、インドのアルナチャール・プラデーシュの現状を変更しようと試み、インド軍は中国軍の侵攻を止めるため、反撃しました。

　これらの国境地域は高度に軍事化されており、不安定です。チベットのみならず、アジア、そして、世界の人々が危険に晒《さら》されています。東アジアにおいては、中国の攻撃的、挑発的攻撃により、南シナ海、インド・太平洋地域は、高度に軍事化された地域へと変貌しました。尖閣諸島も危険に晒

東京銀座で行われたピースマーチ。ミャンマー、カンボジア、イラン、ウクライナ、ベラルーシ、チベット、ウイグル、南モンゴル、台湾、香港、中国、日本の人々が参加した（2022年12月10日、写真：FB/SM&FF）

ミャンマー、カンボジア、イラン、ウクライナ、ベラルーシ、ウイグル、南モンゴル、台湾、香港、中国、日本の人々とともに東京銀座のピースマーチに参加したチベット人とサポーター（2022年12月10日、写真：THJ）

されています。台湾、香港、尖閣の未来がどうなるかは、チベットの歴史を見れば歴然です。

つまるところ、習近平率いる中国の存在自体が世界の平和、安全への脅威なのです。今年の世界人権デーのイベントに多くのコミュニティの人々が集ったことが意味しているのは、人権侵害はもはや個別の問題ではないということです。国際レベルで解決されなければならない国際問題なのです。「世界はあなたたちを見ている。」これが、習近平、そして、世界中の独裁者に対する明確なメッセージです。世界を欺き続けることはできないのです。今年のイベントで、習近平、そして、世界中の独裁者への弔鐘が鳴り始めました。

チベット、ウクライナで起きている惨事から世界を救うには、自由と民主主義を愛する国が一致団結しなければなりません。そして、全体主義国家による民主主義、国際規範への攻撃を回避しなければなりません。問題解決のためには、リップサービスだけでは不十分です。ロシアはウクライナから撤退し、国連憲章を支持し、対話と平和的手段で戦争を終結させなければなりません。中国とその取り巻きの全体主義国家は、人権侵害と弾圧政策を停止し、平和的で公正な手段で国際問題を解決しなければなりません。

共産主義と全体主義の終焉の日が近づいています。習近平をはじめとする世界中の独裁者は、民主主義への移行が不可避であることに気付かなければなりません。民衆は国家の奴隷ではないのです。国際社会も沈黙を貫いていてはいけません。声を上げなければすべてを失う可能性があります。次の世代に、「人間社会のすべての構成員に内在する尊厳、平等で不可分の権利、世界の自由、正義、平和の基盤」を残していかなければなりません。この重要性に人々は気づいたのは、実に七十七年も前のことです。

第二十四章

二〇二三年、
習近平と中国にとっての
歴史的な年

2022年10月22日、習近平国家主席が見つめる中、中国共産党大会から退場させられる胡錦涛前国家主席
（著者によるYouTubeのスクリーンショット）

武漢での新型コロナウィルスの発生から三年が経ちました。世界は未曾有の危機に直面し、長期にわたるパンデミックに見舞われました。多くの死者を出したこのウィルスと闘った国際社会では、マスクと衛生用品は日常の風景となりました。今なお、パンデミックからの回復の兆しは見られません。これまでに六七〇万人が命を落としました。今なお様々な変異種が猛威を振るっており、感染者数は六億七二一〇万人に達しています。このような深刻な状況の中、中国は傲慢《ごうまん》な態度で情報統制を敷いています。そして、対外的には清廉潔白であるかのように振る舞っています。

二〇二三年、習近平の浅はかなゼロコロナ政策の失敗が白日の下に晒《さら》されました。人々はゼロコロナ政策に抗議の声を上げました。そして、ゼロコロナ政策の終了後、中国にコロナの津波が押し寄せるのを世界は目の当たりにしました。

本章では、現在の中国情勢、新型コロナウィルスのパンデミック、三期目を迎えた習近平政権の行く末、台湾問題について検証します。国内情勢が悪化しているはずの中国が拳を振り上げて、インド・太平洋の平和的な隣国に敵意を剝《む》き出しにするのはなぜでしょうか。日本と国際社会はどのように手を取り、中国の脅威と危機に抗っていけばいいのでしょうか。軍事同盟、反撃能力は、中国の攻撃から自国を守る防波堤となりうるのでしょうか。

中国の現状と新型コロナウィルスのパンデミック

中国で新型コロナウィルスのパンデミックが発生したのは二〇一九年のことです。中国政府はコロナに関する情報を徹底的に統制しました。その結果、ウィルスは世界に広がることになりました。今、世界は、コロナウィルスを封じ込めるための知恵をある程度手にしました。今コロナが猛威を振るっているのは中国です。習近平のゼロコロナ政策の失敗に非難の声が上がっています。ゼロコロナ政策の実態は、人々を不衛生な場所に閉じ込め、彼らの口を封じることです。彼らには、食糧も医療も提供されません。これに耐えかねた人々が通りに繰り出し、抗議の声を上げたのです。

その後、習近平はゼロコロナ政策を撤廃しました。この後、自らが作り上げたウィルスに中国は苦しむことになりました。世界の覇権を手に入れるために習近平が使おうとしたトロイの木馬が自国内を駆け回っているのです。コロナ関連死は急増し、葬儀場の予約を取るのも困難になっています。二〇二二年十二月の中国のコロナ感染者は二億五千万人を超え、一日あたりの死者は数千人にのぼると見られています。ゼロコロナ政策の撤廃からわずか数日の間に、六万人近くの人々が命を落としたと報告されています。厳しいメディア規制を考えると、この数字は氷山の一角に過ぎないと言えるでしょう。

新たなパンデミックが中国からやって来るのではないかと、世界中の政府が戦々恐々としています。日本と韓国は、中国からの入国者に対し、出発前七十二時間以内のＰＣＲ陰性証明を求めました。これに対し、中国は、日本人と韓国人のビザ停止という対抗措置を取りました。これは中国の戦狼《せんろう》外交に他なりません。世界最大の感染大国となった中国は、なぜ自国民を海外へ渡航させようとするのでしょうか。この裏には、中国共産党指導部の思想と価値観があります。

中国政府の厳しい情報統制により、チベットの情報が海外に流出することは少なくなっています。チベットのニュースを目にしないからといって、チベットが平穏無事であると考えるのは早計です。真実は真逆です。厳しい統制が続く中、人々はトラウマを抱えています。行き場のないやるせない感情を抱えた人々がとった抗議の手段が焼身自殺です。二〇〇九年以降、百五十七人を超える人々が焼身抗議しています。また、二〇二二年、ラサ近郊では、大規模検疫所での非人道的な扱いに抗議して、少なくとも五人が自殺しています。チベットから流出したわずかな情報によると、二〇二三年一月二日の一日だけで、マルド・ゴンカルのディグン墓地で六十四体の遺体が火葬されたとのことです。また、アムドのキルティ僧院では、毎日十〜十五人の葬儀が行われているということです。世界の人に気付かれることなく多くの命が失われているのです。ウイグル、南モンゴルの状況も同様です。人々は恐怖のあまり声を上げることができません。

中国および中国に支配された地域は大変な危機に見舞われています。しかし、習近平はパンデミックを抑え、市民の命を守ろうとはしていません。習近平の頭にあるのは、この機会を利用してさらなる権力を手に入れることです。昨年、習近平は、非道な手段で自身の任期を延長しました。憲法を無視し、人々の声にも耳を貸さない不当な決定でした。人々の非難をかわすために中国政府がとる手法は、民主国家への挑発、ナショナリズムの高揚、国境地域への侵攻です。

自国民への締め付けに飽き足らず、中国政府は海外の中国人への締め付けも強めています。これには、チベット人、ウイグル人、南モンゴル人も含まれます。国境を越えて中国の出先機関が進出しています。中国の疑わしい出先機関が進出しているのは、アメリカ、日本、イタリア、フランス、イギリス、ドイツ、ハンガリー、チェコ共和国などです。人々を締め付ける中国政府の魔の手が国境を越えて伸びてきているのです。他国の主権を公然と攻撃する中国に対し、私たちは声を大にして抗議しなければなりません。

――中国と台湾：主権は国民にあり

一九四九年、毛沢東の下、中国共産党が権力を掌握し、中華人民共和国が誕生しました。蔣介石率いる中華民国は台湾への後退を余儀なくされました。中華人民共和国と中華民国は、人民の人民による人民のための政府を夢見て人々が革命を起こした結果生まれたと言えます。中華民国は、国民を中心に据えた民主主義、自由、法治の道を選びました。今日、台湾は複数政党制の民主主義国家となり、一人あたりのGNPは世界九十四位となっています。市民の自由、医療の面でも高い評価を受けています。しかし、中国本土では、革命の結果約束されていた社会主義パラダイス、プロレタリアート独裁は実現しませんでした。今なお、見せかけの共産主義とプロレタリアート統治の下、全体主義政権による独裁が続いています。

中国は、新型コロナウィルス検査キットの不良品を世界に売りつけました。一方、台湾は、パンデミックと闘うための寛大な寄付を行いました。中国が傲慢な態度を取り、WHOを無視し、ウィルスの起源を調べる独立した調査を妨害している間、台湾は国際社会と歩調を合わせ、パンデミックと闘いました。ここに、民主主義政権と全体主義政権の違いを見ることができます。民主主義政権は、いかに小さな政権であっても、人道に貢献する大きな可能性と意思を持ち合わせているのです。全体主義政権は、いかに規模が大きくとも、このような貢献をすることはできません。

ダライ・ラマ法王は、CNNのピアーズ・モーガン・トゥナイトのインタビューで次のように述べておられます。

「世界はすべての人々のものです。ここの指導者、あそこの指導者、王、宗教の指導者などのものではありません。世界はすべての人々のためにあります。それぞれの国は、その国に暮らす市民に帰属するのです」

国家が政府や政党ではなく市民に帰属するとすれば、台湾政府は合法な政府であると言えます。一方、中国共産党政権は合法なものとは言えません。百年前の中国人が樹立を夢見た人民の人民による人民のための政権ではないからです。台湾・香港問題は市民が結論を出すべき問題なのです。高慢で自惚《うぬぼ》れた中国共産党の指導者が結論を出していい問題ではありません。

インド・太平洋地域への中国の攻勢

南シナ海で中国は攻勢を強めています。中国の戦狼外交により、インド・太平洋の国々は軍事力の増強を強いられています。この海域の危険性は増し、不安定化しています。二〇一六年の常設仲裁裁判所の判決後も、中国の海洋進出、人工島建設の状況は変わっていません。この問題ある人工島には軍事施設と滑走路が建設されました。対空ミサイル、戦闘機、通信妨害設備も配備されています。

中国は、尖閣諸島を革新的利益と位置付けました。中国が尖閣諸島の領有権を主張し始めたのは、一九七二年にアメリカが沖縄を日本に返還した後のことであり、中国の行動は現状変更に他なりません。尖閣諸島及びインド・太平洋地域で領有権問題が発生している島々を占拠することは「重大な歴史的責任」であり、これらの島々の占拠に向けて動くことを二〇一六年に習近平が明言したことが、内部資料で明らかになっています。

習近平は、自身の三期目の任期中に台湾を統合すると繰り返し述べています。そして、台湾の独立は大惨事につながると台湾人に警告しています。二〇二二年八月、中国は台湾に向けてミサイルを発射し、そのうちの一発が日本の排他的経済水域内に着弾しました。アメリカのナンシー・ペロシ下院議長の台湾・日本訪問中の出来事でした。年末には、「軍事訓練」と称して七十一機の戦闘機を出撃させ、台湾を脅迫し、屈服させようとしました。中国の恒常的な軍事的挑発は、インド・太平洋地域の安定を損なうものです。ウクライナ同様の状況がいつ起きるともしれません。

日本のソフトパワーと大胆なリーダーシップ

中国の度重なる挑発と脅迫の結果、赤き龍の毒霧を封じるべく、日本はより現実的な防衛戦略の策定を迫られました。日本は、防衛力増強、反撃能力保有のために、防衛費を増額しました。日本は自国の領土を守るためになりふり構わず権利を行使しなければならない状況になりました。

平和憲法の策定以降、日本は中国の侵攻、脅迫を受け入れてきました。いつの日か中国に良識が備わるという期待を抱いていたからです。しかし、習近平の任期延長、無責任な発言により、平和な未来が訪れるという期待は打ち砕かれました。

中国共産党の攻勢、身勝手な主張により、日本は憲法九条の改正を議論しなければならなくなりました。衆参両院は、チベット、ウイグル、南モンゴルにおける人権、宗教の自由を侵害しているとして、中国への非難決議を採択しました。この決議は、国際社会と協力して深刻な人権状況を監視し、中国に改善を求めるためのものです。衆参両院は、人権を一国の内政問題ではなく、国際社会が抱く当然の懸念と捉えたのです。そして、岸田政権は、中谷元元防衛大臣を国際人権問題担当補佐官に任命しました。

二〇二二年、古屋圭司議員を会長に据えた超党派の「中国による人権侵害を究明し行動する議員連盟」が発足しました。これは、日本の議員が国際問題、人権問題に関心を持っていることを示す重要な進展と言えます。自由、人権、民主主義を世界に啓蒙する上で、日本のリーダーシップと貢献の可能性がますます高まることになります。アメリカのジョー・バイデン大統領も、岸田総理が打ち出した日本の防衛力増強策を激賞しています。この防衛力増強により、中国、北朝鮮、ロシアの脅威を封じ込めることが可能になります。

日本は第二次世界大戦で疲弊しましたが、そこから立ち上がり、最も平和的で、民主的で、発展した国家の一つとなりました。東日本大震災の復興に邁進《まいしん》する日本人の姿に多くの人が心を打たれました。日本は多くの国々を鼓舞し、世界の平和と発展の推進に大きく貢献してきました。日本が提唱した自由で開かれたインド・太平洋構想は、当該地域の平和と安定を促進するものです。民主主義、自由、法による統治が広まれば、日本の役割、イニシアティブは支持され、認められるはずです。

自由と民主主義を愛する世界中の国々は、日本、インド、インド・太平洋同盟、QUADのメンバーと手を組むべきです。世界の秩序を脅かす全体主義国家の破壊力を削ぐためです。日本のソフトパワーはその力を増す必要があります。それにより、緊張を和らげ、無責任に怒り狂う赤き龍を鎮めることができます。国際社会は、温かく思いやりに満ち溢《あふ》れた日本文化の素晴らしさ理解し、日本とともに立ち上がらなければなりません。これにより、中国指導部に重要な教訓を与えることができるのです。

チベット：平和と非暴力の地域

チベットはかつて中央アジアの軍事大国でした。しかし、インドから仏教が伝来すると、チベットは他国への侵攻を停止し、心の平穏に目を向けるようになりました。歴史的には、モンゴル、ゴルカ、満州、中国といった好戦的な隣国を鎮め、平和的交渉をするのに仏教は大きな役割を果たしました。これらの国およびヒマラヤ地域で、ダライ・ラマ、サキャ派の僧侶を含むチベットの高僧が今なお敬われていることに何の不思議もありません。ダライ・ラマの政府は、平和と非暴力という仏教の教えに基づく宗教的倫理観を通して国は統治されると考えており、この考え方に基づいて統治を行いました。この考えは、チベットおよび周辺地域に平和と安定をもたらしました。

チベットは物質的に十分発展していない地域かもしれません。しかし、精神世界、精神科学においては高度な発展を遂げました。日本の神道同様、チベット土着のボン教は、丘、山、川、森を神々が宿る場所と考え、畏れ敬いました。人間の欲のために自然を支配、搾取することはタブーだったのです。チベットの山々、氷河、川、草原はチベット人の手で守られてきました。チベット人は平和に暮らし、平和のメッセージを世界に届けようと夢見てきました。ダライ・ラマ法王は、チベットを軍や紛争のない平和地域にすることを提言されました。平和的なチベットが実現すれば、そこを訪れる人たちの手によって、平和と非暴力のメッセージが世界に届けられることでしょう。

しかし、一九四九年に中国共産党が権力を掌握すると、「平和的解放」という口実の下、チベットを軍事侵攻しました。チベットは国連や国際社会に支援を求めましたが、好戦的な中国を鎮め、直接の衝突を避けることが優先され、チベットは見殺しにされたのです。かつては最も平和的な国であったネパール、インド、ブータンは、中国から度重なる越境攻撃を受け、危険な軍事地域となりました。今日のチベットは世界で最も軍事化された場所の一つとなり、周辺地域の平和と安定を脅かしています。このような状況にある今でも、チベットを平和な地域にする夢と希望を抱くことは重要です。

差し迫る脅威と解決策

中国がチベットを支配したことにより、インドとその隣国は中国から侵攻を受けています。習近平の発言を文字通り受け取ると、最も差し迫った脅威に晒されているのは台湾です。台湾が中国の脅威に晒されている今、インド・太平洋地域の平和は危機に瀕《ひん》しています。自由、民主主義、法による統治に基づく国際規範、普遍的価値観が損なわれ、これまで平和であった国・地域もチベット、ウクライナと同様の惨禍に見舞われるかもしれません。インド憲法の父ビームラーオ・アンベードカル博士は、「中国がチベットを統治できるような状況にしてしまったがために、私たちは、中国軍がインド国境へやって来る片棒を担いだと言えます」と述べておられます。アンベードル博士の言葉通り、中国は越境攻撃を繰り返しており、インド、ネパール、ブータン国境は軍が集結する不安定な地域となりました。中国共産党が台湾をその手に収めれば、インド・太平洋地域の平和、安定は大きく損なわれるでしょう。その結果、世界の平和と安定も損なわれ、危険な時代に突入することになります。

中国の脅威に対抗するための軍事的抑止力は必要です。しかし、武器や軍事的抑止力を過度に強調してばかりでは、よい結果はもたらされないかもしれません。私たちは人間的な紛争解決の方法を模索する必要があります。ダライ・ラマ法王は、「二十世紀は戦争の世紀でした。二十一世紀を対話と平和の世紀にしなければなりません」と述べておられます。私たちはこのダライ・ラマ法王の発言を真摯《しんし》に受け止める必要があります。

自由、民主主義、法による統治の啓発は不可欠です。中国人はかつてこれらを追い求めていましたが、いまだその喜びを享受していません。世界は、中国共産党指導部にこれらの重要性を積極的に説くべきです。その結果、対話、相互理解、尊敬の心が育まれ、平和と安定が約束された友好的な環境が生まれるのです。

日本の平和憲法と開かれたインド・太平洋同盟において日本が果たす役割は、国際社会を鼓舞する大きな可能性を秘めています。中国共産党の目を覚まさせ、ミサイルではなく対話によって違いを乗り超える合理的、平和的手段を行使することもできるでしょう。チベットを平和地域にするというダライ・ラマ法王の理想と、日本の自由で開かれたインド・太平洋構想の実現は、地域の非武装化に大きく寄与し、誰もが暮らしやすい世界をつくることにつながります。日本は防衛力を強化すると同時に、ソフトパワーを基盤に据えなければなりません。これが南シナ海における中国の攻勢への唯一の対抗策なのです。

——結論

私たちは民主主義を必要としています。自由で底知れぬ深みのある心を持つ私たち人間は長期間の従属に耐えることはできないことを歴史は証明しています。任期を延長した習近平は、今、絶大な政治的権力を手にしています。習近平は、自分に敵対できる人はいないと考えているのかもしれません。しかし、この世に永久なものはないことを習近平は知らなければなりません。習近平の尋常ではない権力への執着により、中国は、そして、世界は大きく変容しています。汚い手口で任期を延長した習近平の三期目は、自身の破滅に終わるかもしれません。中国共産党大会を退場させられた胡錦涛は、未来の習近平の姿になるかもしれません。毛沢東、鄧小平、江沢民も権力を意のままにしましたが、その時代は去りました。習近平政権も永遠ではありません。私たちが求めているのは、正義、公正、基本的真実です。不正義が幅をきかせている時代には、私たちは臆することなく声を上げなければなりません。

必要な際は中国に毅然《きぜん》とした態度をとると岸田総理が発言されたことに、私たちは勇気づけられています。日本は曖昧《あいまい》な態度を避け、隣国に対し、明確で簡潔なメッセージを発信すべきです。日出ずる国は、獰猛《どうもう》な赤き龍を抑え込む大きな可能性を秘めています。戦車やミサイルは必要ありません。必要なのは、広島、長崎のメッセージ、そして、国際社会の一員としての良心です。防衛力増強と並行して、日本はソフトパワーも追及すべきです。国際社会はこの日本の可能性を現実のものとすべく、日本を支援しなければなりません。そして、全体主義の暗雲を吹き飛ばすべく、歩みを進めなければなりません。すべての人間が平和と自由の光を手にするその日まで。

アリヤ・ツェワン・ギャルポ博士は、ダライ・ラマ法王日本・東アジア代表部事務所の代表です。チベット亡命政権（ＣＴＡ）情報・国際関係省長官、チベット政策研究所所長などを歴任。

免責事項：上記の見解は筆者個人のものです。

特集

日本の主なチベット支援団体

スーパーサンガ（宗派を超えてチベットの平和を祈念し行動する僧侶・在家の会）

スーパーサンガとは

正式名称を『宗派を超えてチベットの平和を祈念し行動する僧侶・在家の会』といい、チベットで起こっている様々な問題に関心を持った僧侶や宗教者が宗派を超えて二〇〇八年に結成した団体です。現在は、賛同する在家の方と共に活動しています。

チベットに自由を

話したい言葉を話し、行きたい所に行き、信じたいものを信じることができる……　チベットにそのような世界が訪れるよう、「生きとし生けるものが幸せでありますように」という仏教的な慈悲の精神をもって、この問題の解決に取り組んでいます。

祈りと行動

ダライ・ラマ十四世の提唱する非暴力と対話による解決を支持し、そのために「祈り」と「行動」の両輪でチベットの平和と自由を目指しています。

スーパーサンガは、チベット・仏教圏の諸問題を解決すべく、さまざまな主催事業や支援活動を行っています。

祈りの集い

宗派を超えた祈りの集い・結集やチベット問題を知る講演会・上映会などを企画しております。

支え合い

インドの亡命チベット僧院への支援、日本国内のチベット人コミュニティへの活動援助を行っています。

一食ｆｏｒチベット

毎月十日を「チベットの日」として、一食を断食し、その食費を思いやりとしてチベットのために寄付する活動です。

その他、国際会議への参加や、最近では動画配信などの情報発信も、積極的に行っています。詳細および入会については、当会のＷＥＢサイトをご覧いただくか、役員までお尋ねください。

お問い合わせ

メール　info@supersamgha.jp
ＷＥＢサイト　https://supersamgha.jp/

一般社団法人　美巡ライフ協会

美巡ライフ協会とは

心身の巡りを良くして健康で豊かな人生をサポートします。という理念の元、チベット体操や呼吸法・瞑想《めいそう》などの指導や講師育成・派遣を行っています。

チベット体操とは

チベット体操は、呼吸と合わせて行う６つのポーズから成る体操です。

美しさや健康維持のために芸能人や有名人らが積極的に取り入れていると話題になりました。

お仕事や家事の合間などの空いた時間で気軽に行うことができる全身を使ったリフレッシュ法としてもおすすめの体操です。

チベット体操講座

全国のチベット体操インストラクターからチベット体操の指導を受けることが出来ます。

チャリティーイベント

二〇一七年より京都・大阪でチャリティーイベントを開催しています。

（社）美巡ライフ協会認定チベット体操インストラクターを中心にチベット体操を体験した後、チベットの文化や歴史についてお話を伺っています。自分自身の心を知り、心を浄化することで真の幸福を得ることが出来るという教えは、とても大切なメッセージでした。今後もチベットの美しさや素晴らしさを多くの人々に知ってもらうため、さまざまな活動を展開していきたいと思っています。

チベットへの祈り

チベットは自然の美しさや古くから伝わる文化、そして人々の精神的な豊かさで知られています。しかし、政治的な問題によってその文化や伝統は危機に瀕《ひん》しています。

チベット体操を通じてチベットの文化や伝統を守り支援に繋《つな》げていきたいと思います。

お問い合わせ

WEBサイト　https://www.kailash68.com/
公式LINE　下記QRコード参照

セーブ・チベット・ネットワーク（SAVE TIBET NETWORK）

発足

二〇〇八年三月十日から始まった中国政府によるチベット人への武力弾圧に抗議するために、三月二十二日、千五百名が集まり、六本木でデモが行われた。その時集まった人々をネットで結び、チベット問題の平和的解決を目的に四月八日に発足。

理念

「Compassion for the Planet」（地球への慈しみ）を理念に、ダライ・ラマ法王日本代表部事務所と連携しながら、チベット問題を対話によって解決することを目指し、政治面・文化面における平和活動を行う。

主な活動

同年四月、国連と中国政府宛に三万筆を超える署名を集め、両者に届ける。五月、胡錦濤元国家主席来日の際、内モンゴル、ウィグル、台湾、中国の人々も交えて、抗議の大集会を日本青年館（東京）で開催し、四千二百名によるデモを決行。日本チベット支援史上最大規模の

デモとなった。取材陣は国内外を含めて四十二社。国内外で広く集会とデモの様子が報道された。七月、オーストラリア、台湾、日本の議員・学者及び、チベット亡命政府の外務大臣を招き、『～地球への思いやり～チベットを救え！　アジア・パシフィック・フォーラム』（東京・学士会館）を開催。決議案を洞爺湖サミット参加各国首脳に提出した。十一月、チベットの文化を広く普及するために、チベットミュージシャンを招き、『Heart of Tibet ～ Peace Concert 2008』（東京・渋谷クラブアジア）を開催。

二〇一三年、静岡市日本平で、二日間に渡る『世界の平和を祈る祭典』を開催。ダライ・ラマ法王を筆頭に、仏教、神道、修験道、キリスト教、イスラム教のトップリーダーを招き、富士山を背景に、世界平和を祈る儀式を二千名の人々と共に執り行う。

二〇二二年、ダライ・ラマ法王日本代表部事務所主催の『チベット、ウイグル、南モンゴルセミナー』（シビックホール・東京）を協催。

代表

元衆議院議員・人権財団代表　牧野聖修

お問い合わせ

メール　info@save-tibet.asia
WEBサイト　https://save-tibet.asia/

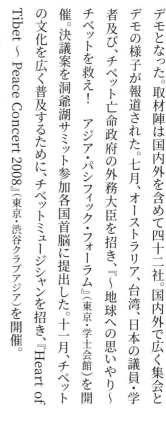

難民支援NGO　ドリーム・フォー・チルドレン

設立当初は難民の子供の支援を目的にしていましたが、現在は子供以外にも支援の対象を広げています。短期的にはチベット難民が亡命先でよりよい暮らしを送れることを目指し、長期的にはチベットの問題が解決され難民の人達がチベット本土に戻れるようにすることを目指しています。

現地での支援

チベット難民が多く暮らすインドのダラムサラを中心に支援活動を行っています。

１　教育支援

職を探している若者を対象に、無償の英語・コンピュータ教育を通じた就業支援を行っています。これまでに三千人の生徒たちが社会に羽ばたいて行きました。

また、子供が通うチベット子供村にも経済的支援を行っていま

す。高等教育を志向する人に対しては、給付型の奨学金を支給しています。

2　物資支援

随時必要な物資の支援を行っています。コロナのパンデミックの時期は、感染を恐れて外出を控えている人に食糧をお届けました。

日本での活動

チベット問題の啓発を中心に活動しています。チベットの最新情報を扱ったセミナーの開催、ブログでの最新ニュース紹介を行っています。書籍も九冊出版しています。

チベット難民の方からは、東日本大震災、熊本地震の際に応援メッセージをたくさんいただきました。自分自身が大変な状況に置かれている中、日本の人達にも心を寄せることができるチベットの人たち。彼らが置かれている状況が少しでも多くの人に知られ、明るい未来が訪れることを願っています。

お問い合わせ

WEBサイト　http://dreamforchildren.web.fc2.com/
メール　dream.for.children.japan@gmail.com

文殊師利大乗仏教会　デプン・ゴマン学堂日本支部

弊会は、ゲルク派総本山デプン・ゴマン学堂第七十五世管長ケンスル・テンパ・ギャルツェン師（前東洋文庫外国人特別研究員）に研究指導を受けた学生たちが一九九八年に組織した仏教を通じた文化交流団体で、日本の伝統仏教との交流を通じて、インドにおいて次世代のチベット仏教の指導者の育成事業を行うデプン・ゴマン学堂を支援する公式な日本支部団体として活動しています。

二〇〇一年以降、広島を本拠地として、これまで三回ダライ・ラマ法王を招聘《しょうへい》した事業を行い、定期的に最高位の師僧たちを招聘し、仏典を学習するための法話会や伝授会を開催してきました。同時に、インドの難民キャンプにある僧院に滞在し、チベットの言語と宗教を学びたい人々のサポートなども行ってきました。活動の基本方針は随時ダライ・ラマ法王からのご指導を仰ぎ、常時、本山と連携しながら運営しています。

デプン・ゴマン学堂は、歴代のダライ・ラマ法王の所属する僧院

の顕教学堂のひとつであり、一四一六年にジェ・ツォンカパ大師の高弟ジャムヤンチュージェによって創立されたラサのゲペル山麓にあるデプン大僧院は、チベット仏教最大規模の学問僧院であり、歴代のダライ・ラマ以外にも、クンケン・ジャムヤンシェーパ、ハルハ・ジェツンダンパ・フトクト、チャンキャ・フトクトなどのチベット・モンゴルの大ラマたちの所属する学堂であり、モンゴル、ロシアなどにも関連僧院を多くもち、現在は南インドのカルナタカ州に復興され、約二千名以上の僧侶が、二十年以上もの大変厳しい伝統的なカリキュラムに基づいて日々仏学参究に励んでいます。

日本支部では、広島・宮島の大本山大聖院およびその関連寺院に日本別院を設置し、定期的にチベット人学僧たちが来日し、各種法話会や勉強会や法要などを行っているだけではなく、日本語での情報配信をしながら、チベットとその独自の伝統宗教を紹介し、仏教を通じてチベット・日本の交流を深める活動を行っています。

お問い合わせ

WEBサイト　https://www.mmba.jp/

スチューデンツ・フォー・フリー・チベット・ジャパン

SFTジャパンについて

ＳＦＴ（Students for a Free Tibet）は、非暴力で平和的な社会的、政治的、経済的活動を通じて、世界中の若い世代にチベットで起こっている人権侵害の現状を知ってもらい、支援活動への意識を高めると同時に、チベット問題の平和的な早期解決を求めることを目的に設立された団体です。一九九四年にアメリカで発足し、現在では、ＳＦＴに参加する大学や高校、コミュニティで作る支部が世界中に六百五十（三十五カ国）を数えます。

日本では一九九九年六月のチベタン・フリーダム・コンサート（東京ベイＮＫホール）開催を機にＳＦＴジャパンが結成され、その後、活動休止。二〇〇八年一月、日本在住のチベット人ツェリン・ドルジェさんの呼びかけで、活動を再開しました。

非暴力で平和的な活動を通じてチベットの状況への理解と問題解決を呼びかけ、若い世代の手でチベット支援活動を盛り上げたい、というＳＦＴジャパンの理念はずっと変わりません。関心ある方の参加をお待ちしています。

単に「スチューデンツ」＝「学生たち」ではなく、若い世代をターゲットにしつつ幅広い世代にチベット問題を知ってもらい、共に行動を起こすことで広く社会正義に目をひらいてもらうことがＳＦＴジャパンの役割と位置づけています。現役学生・元学生のみなさんのご参加をお待ちしています！

詳しくは以下のサイトをご覧ください。

http://www.sftjapan.org/nihongo:need

お問い合わせ

ＷＥＢサイト　http://www.sftjapan.org/

メール　sftjapan2008@gmail.com

訳者あとがき

「百万人」今年二月の国連報告書に記されたこの数字は、現在中国政府に連行されているチベット人の子供の数です。子供たちの連行先は、全寮制の学校。ここで、子供たちは、中国式教育を受けさせられています。学校で使用される言語は中国語です。連行される子供の年齢は六歳以上。四歳以上の地域もあります。これからのチベットを担う幼い子供たちが親元から引き離され、自らの言語、文化を学ぶことができない状況に陥っています。

現在この政策の主導者の一人と目されるのが、一昨年チベット自治区のトップに就任した王君正です。王君正は、一昨年までウイグル自治区中国共産党委員会副書記をつとめていました。王君正は、ウイグル人三百万人の強制連行、強制労働、拷問、洗脳教育に関与した一人として、欧米から個人制裁を受けています。「ウイグルの殺し屋」と恐れられた彼が、今度はチベットに手を伸ばしています。ウイグル人三百万人に続き、チベット人の子供百万人に魔の手が及んでいるのです。

チベットの子供が連行されている全寮制の学校は、二〇〇八年の北京オリンピック後に急増し、教育内容の中国化も進みました。ここで、二〇〇八年以降のチベットがどのような状況なのかを検証すべく、二〇〇八年と二〇二二年の二つの北京オリンピックの間の出来事を振り返ってみたいと思います。

二〇〇八年の北京オリンピック直前の三月、チベット全土で中国政府に対する大規模な抗議活動が起きました。北京オリンピックを開催する条件として、人権、報道、宗教の状況の改善を中国政府は約束していましたが、状況が改善しないままオリンピック開幕が迫っていたからです。そして、チベット人の抗議活動は力で中国政府にねじ伏せられました。

チベット難民が多く暮らすインドのダラムサラで、無償の英語・コンピュータ教育のお手伝いをするようになって十年以上がたちました。私たちの生徒の中にも二〇〇八年の抗議活動に関係した人がいます。ここで、二人の生徒の体験談を紹介したいと思います。

一人目はツェワン・ドンドゥプ。彼は、東チベットで、抗議活動に参加しました。抗議は、「チベットに自由を」などのスローガンを叫びながら行進する平和的なものでした。当然、武器などはまったく所持していませんでした。そのような平和的な抗議活動に対し、中国警察は無差別発砲を浴びせました。ツェワン・ドンドゥプのそばにいた二十歳の僧侶は銃弾を浴び、亡くなりました。この抗議に関連した死者は十人を超えたそうです。ツェワン・ドンドゥプ自身も左腕と右の腎臓付近を撃たれました。病院に行けば逮捕されると考えたツェワン・ドンドゥプは、身を隠す決断をしました。その後は、毎日左腕に激痛が走ったといいます。左腕の状況は日に日に悪化し、ついにはまったく動かなくなりました。中国政府がいかに正当防衛を主張しようとも、ツェワン・ドンドゥプの二度と動くことのない左腕が、中国警察の残忍な無差別発砲の動かぬ証拠です。

もう一人の生徒は、ラモ・ツォ。ラモ・ツォの夫ドンドゥプ・ワンチェンは、二〇〇八年の北京オリンピックの直前に、チベットでインタビューを行い、それを映画化しようとしていました。このことが中国当局から罪に問われ、懲役六年の判決を受けました。ドンドゥプ・ワンチェンが逮捕された後、ラモ・ツォは、ダラムサラで、夫の置かれている状況を訴えていました。私たちが教えているダラムサラの学校では、毎週、ラモ・ツォのトークを開催していました。ラモ・ツォ自身のスピーチは十分ほどでしたが、質疑は毎回二時間を超えていました。ラモ・ツォは、毎週、涙を流しながら、「あなたの国では一般市民にインタビューをして映画化することで懲役六年の刑に処されるということがあるのでしょうか？」と訴えていました。その後、ドンドゥプ・ワンチェンは刑期を終えて亡命に成功し、家族と再会しています。ラモ・ツォは、次のように語っています。

「私のように、夫の刑務所からの帰還を待つ妻はチベットに何千人もいます。息子の帰りを待つ親も何千人もいます。外国人の皆さんには、私の夫の話や今のチベットの状況をまわりの人に伝えていただければと思います。そして、チベット人への弾圧政策をやめるように中国政府に圧力をかけてください。」

ツェワン・ドンドゥプ、ラモ・ツォの訴えもむなしく、二〇〇八年の北京オリンピックは何事もなかったかのように開催されました。オリンピック後、チベットで頻発するようになったのが、中国政府への抗議の焼身自殺です。焼身抗議の場所は、役所前や大通りなど人目に付きやすい場所です。自らの体を炎に包み、世界中の人にチベットの現状に気付いてほしいと訴えているのです。これまでにチベット本土だけで、実に百六十一人が焼身抗議を行っています。その約七割が、十代、二十代の若者です。

二〇二〇年に八十八歳で亡くなられたアデ・タポンツァンというチベット人女性がいます。彼女は、二十七年間、中国当局に投獄された経験を持っています。生前最後に彼女と話をした際、彼女は次のように語っていました。
「私が刑務所にいたとき、激しい拷問を受けました。食べ物も十分に与えられず、同じ刑務所に収容された人のうち九割以上が餓死しました。それでも、みな夢や希望を持って必死に生きようとしていました。しかし、二十一世紀になって、若者が焼身抗議を行うようになりました。チベットの若者は、夢や希望を絶たれているのです。チベットにとって、今が一番大変なときなのです。」

そして、二〇二二年の北京オリンピックを迎えました。チベットの状況は悪化していたはずですが、大きな抗議は起きませんでした。直接的な抗議をしても無駄だという現実的な判断があったのかもしれません。しかし、焼身抗議は二〇二二年以降も続いています。チベットのことを知ってほしいと願う人たちの体が今日もまた炎に包まれています。

現在のチベットの情報統制は歴史上最も厳しくなっています。チベットのニュースが海外に伝わるのに数年の遅れがあります。先述した王君正がチベット自治区のトップに就任した影響も大きいと思われます。国境なき記者団が「報道の自由のない国・地域ランキング」を毎年発表していますが、チベットは一位の常連です。チベットは北朝鮮よりも報道の自由がないのです。外国人ジャーナリストがチベットで自由な取材を行うのは不可能です。インターネットや電話もしばしば遮断されます。外部に情報を漏らした人は投獄されます。外国人がチベットの情報を入手するのは著しく困難になっています。日本でチベットに関する報道がないからと言って、チベットで何も起きていないわけではありません。情報のない時こそ、情報統制が厳しい危険な時なのです。

中国政府は情報を遮断する傍ら、事実に基づかないプロパガンダを多数発信しています。取るに足らないような真っ赤な嘘も多いですが、放っておくと、中国政府の言い分ばかりが世界に広まってしまいます。中国政府が誤った情報を流布した際には、適宜反論することが大切です。本書の著者であるアリヤ・ツェワン・ギャルポ博士は、近年の中国政府の誤った発言に対する反論を多数行ってこられました。中国政府の誤った主張が続いているため、アリヤ氏も反論を続けなければならないのです。「大きな声」ではなく「正しき声」が勝利するまで、反論は終わることはありません。

チベットの現状を知っている日本人はまだ多くありません。本書を読まれた皆様はすでにチベットの専門家と言っても過言ではありません。少しでも多くの人にチベットで何が起きているのかを伝えていただければと思います。そして、できる範囲で構いませんので、チベットの状況をよくするために、ご支援していただけますと幸いです。

二〇二三年七月

亀田浩史

参考文献

第 1 章

1. Indian leaders on Tibet, DIIR publications, 1998, Dharamsala, India
2. Middle Way Policy and All Related Documents, DIIR Publications, 2011, Dharamsala, India
3. www.manthandigital.com / Manthan; Journal of Social & Academic Activism, Jan-March 2020 issue, New Delhi
4. Shakabpa Tsepon, Tibet - A Political History, Potala Inc, 1984, NY
5. Tibet was never a part of China... DIIR Publications, 2019, Dharamsala, India
6. The Dalai Lama, www.dalailama.com
7. The impassioned words of Xu Zhangrun 14/02/2010:13
8. https://www.washingtonpost.com/opinions/global-opinions/the-impassioned-words-of-xuzhangrun/2020/02/14/12 a8bd7518-4dcd-11ea-bf44-f5043eb3918a_story.html
9. Chinese activist detained after calling Xi Jinping 'clueless' on coronavirus crisis: https://www.theguardian.com/world/2020/feb/17/chinese-activist-arrested-xi-jinpingclueless-coronavirus-xu-zhiyong

第 2 章

1. China May Reject Dalai Lama Chosen Abroad, by Rezaul H Laskar, Hindustan Times, https://www.hindustantimes.com/india-news/china-may-reject-dalai-lama-chosenabroad/story-iTFUbCTATHD8KKJKnwGj7I.html
2. Disregard for China's Dalai Lama Could Affect Ties, by Sachin Parashar, Times of India, July 14, 2019
3. https://timesofindia.indiatimes.com/world/china/disregard-for-chinas-dalai-lama-could-affect-ties-beijing/articleshow/70216747.cms
4. India Must Approve Next China Dalai For Better Ties, by Sridhar Kumaraswami, July 15, 2019

5. https://www.asianage.com/india/all-india/150719/india-must-approvenext-china-dalai-for-better-ties.html
6. My Land and My People, by His Holiness the Dalai Lama, Timeless Book, New Delhi 2016 Edition
7. Next Dalai Lama Should be Chosen Within China; India Should Not Intervene: Chinese Authorities, by Manash Pratim Bhuyan, PTI, 14 July 2019
https://economictimes.indiatimes.com/news/politics-and-nation/next-dalai-lamamust-be-chosen-within-china-india-should-not-intervenechinese-authorities/articleshow/70215668.cms
8. Reincarnation: https://www.dalailama.com/the-dalailama/biography-and-daily-life/reincarnation22
9. Short Biographies of the Previous Dalai Lamas: https://www. dalailama.com/the-dalai-lama/previous-dalai-lamas/previous-dalai-lama
10. Selection of the Next Dalai Lama May test New Delhi-Beijing Ties by Elizabeth Roche, Teh Mint, 15 July 2019
11. https://www.livemint.com/news/world/-beijingwill-reject-dalai-lama-s-successor-chosen-by-tibetangovt-1563108350468.html
12. Tibet and Manchu: An Assessment of Tibet-Manchu Relations in Five Phases of Historical Development, DIIR Publications, India, 2001
13. Tibet was Never a Part of China but the Middle Way Approach Remains a Viable Solution, DIIR Publications, Indian, Reprint 2019
14. The Religious Rituals and Historical Convention of Living Buddha Reincarnation: http://eng.tibet.cn/eng/index/Archive/201901/t20190124_6488493.html
15. Why did Emperor Qianlong adopt the reincarnation system: http://eng.tibet.cn/eng/index/Archive/201903/ t20190304_6516972.html

第 3 章

1. David Morgan, The Mongols, Basil Blackwell Inc., 1987, New York, USA

2. Department of Information & International Relations, The Mongols and Tibet, Reprint 2009, Dharamshala, India
3. Jigme Rigpai Dorje ('Jig med rig pai' rdo rje), Hor gyi chos'byung bzhugs so, mTso sngo mi rigs dpe skrun khang, 1993, Tibet
4. Kwanten Luc Herman, Tibetan-Mongol Relations During the Yuan Dynasty (1207-1368), Ph.D thesis, University of South Carolina, 1972, USA
5. Shakabpa Tsepon W.D., Tibet A Political History, Potala Publications, 1984, New York, USA
6. The Liangzhou Talk between Godan and Sakya Pandita: http://eng.tibet.cn/eng/index/Archives/201907/t20190712_6635163.html

第 4 章

1. Alex McKay, Tibet and the British Raj, The Frontier Cadre 1904-1947, LTWA, India, 2009
2. Dalai Lama, My Land and My People, Timeless Books, Delhi, 2016
3. DIIR, Tibet Was Never a Part of China but The Middle Way Approach Remains a Viable Solution, Dharamsala, India ,2018
4. DIIR, Tibet - Proving Truth from Facts, Dharamshala, India, Reprint 2006
5. DIIR, Facts About the 17-Point Agreement Between Tibet and China, Dharamsala, India, Reprint 2007
6. DIIR, Chinese Voices for Tibet, Dharamsala, India
7. DIIR, A Compilation of the Memorandum on Genuine Autonomy for the Tibetan People, His Holiness the Dalai Lama's Brussels Statement of 4 December 2008, and the Chinese State Council's Press Briefing of 10 November 2008, Dharamsala, Reprint 2009
8. DIIR, The Legal Status of Tibet - Three Studies by Leading Jurists, Dharamsala, India, 1989
9. Edgar Snow, Red Star Over China, Penguin Books, Great Britain, 1972
10. Jayadeva Ranade, China Unveiled, Insight into Chinese Strategic

Thinking, KW Publishers Pvt. Ltd. Delhi, 2013
11. Shakabpa Tsepon W.D. Tibet - A Political History, Potala, New York, 1984
12. Zhu Rui, Tibet has not been a part of China since ancient times, (Chinese Voices for Tibet)
13. Websites:
- https://journals.sagepub.com/
- https://www.globaltimes.cn/
- https://tibet.net/
- https://www.usconsitution.net/china.html
(July 2019 The World Focus, Issue 475:
http://www.worldfocus.in/magazine/tibet-in-exile/)

第 6 章

1. Global Times: http://www.globaltimes.cn/content/1138347.shtml
2. https://www.japantimes.co.jp/news/2019/02/20/asiapacific/china-closes-tibet-foreigners-60th-anniversaryuprising-day-marking-riots/#.XG53KKDhXIU
3. https://www.telegraph.co.uk/travel/destinations/asia/tibet/articles/tour-of-tibet-china-cctv/
4. https://www.japantimes.co.jp/news/2019/02/20/asiapacific/china-closes-tibet-foreigners-60th-anniversaryuprising-day-marking-riots/#.XG53KKDhXIU
5. https://www.rfa.org/english/news/tibet/restrictions-02082019173856.html
6. http://www.phayul.com/news/article.aspx?id=41148
7. http://www.phayul.com/news/articles

第 9 章

1. http://www.globaltimes.cn/content/1153589.shtml
2. https://tibet.net/2019/05/tibet-us-ambassadorconcerned-about-chinese-governments-interference-in74freedom-of-religion/
3. https://www.nzherald.co.nz/nz/news/article.cfm?c_id=1&objectid=12244492

第20章

1. Bod kyi dus chen, Festival of Tibet, compiled and edited by Kalsang Khedup and Chung Tsering, Dept. of Education, CTA
2. Bod-rgya tsigs-mdzod chen-mo, Tibet
3. Festival of Tibet by Tsepak Ringzin, Library of Tibetan Works & Archives, 1993
4. A legend of Amche Ra-ru by T. G. Arya

第22章

1. H.H. Dalai Lama's My Land and My people
2. Department of Religion publications 1983
3. Dung dkar tshig mzdod chen mo 151
4. Bod kyi dus chen by Department of Education
5. Shakabpa's Political history of Tibet
6. personal interviews

著 者
アリヤ・ツェワン・ギャルポ

チベット亡命政権財務省入省後、チベット経済研究・開発局の主任研究員、公益財団チベット手工芸品輸出局局長、パルジョ出版ディレクターを歴任。2000年7月、財務省事務次長。2005年6月、ダライ・ラマ法王日本代表部事務所事務局長。2013年11月、ダライ・ラマ法王ニューデリー代表部事務所事務局長。2018年、チベット亡命政権内務省次官補。その後、情報・国際関係省ニュース局編集長。2019年5月、同省長官。同年、内閣からの任命により、チベット亡命政権の公式シンクタンクであるチベット政策研究所のディレクターを兼務。2020年5月、ダライ・ラマ法王日本代表部事務所代表に就任。

チベット中央学校ムスリ校卒業後、パンジャーブ大学で学士号、アンナーマライ大学で経済学修士号、デリー大学で日本学修士号を取得。東京の千代田ビジネス専門学校で国際貿易・経済学を学ぶ。デリー大学で、チベット学博士号を取得。

著書に「チベット語と日本語・英会話の本」。日本、チベットの民話の著作、翻訳がある。また、チベット問題に関する記事を雑誌、メディアに多数寄稿。近著「古代チベット文明：チベットの神話、宗教、歴史研究」（チベット文献図書館）

訳 者
亀田浩史

東京大学卒。東京大学大学院修士課程修了。チベット難民が暮らすインドのダラムサラを訪ねた際にチベットの現状を知り、2010年に難民支援NGO “Dream for Children” を設立。

毎年ダラムサラを訪ね、主に亡命してきたばかりの人を対象に、英語・コンピュータの無償教育を実施。指導した生徒の数は二千人以上。高等教育を志向する難民には、給付型奨学金を支給。

教育支援の傍ら、難民への取材を行い、チベットの最新情報を発信している。チベット関連の著書1冊、訳書8冊。

チベットの反論《はんろん》 チベットの史実を歪曲する中国共産党に挑む

令和5年（2023年）7月20日　第1刷発行

著者 ……………………………… アリヤ・ツェワン・ギャルポ

日本語訳者 ……………………… 亀田浩史

発行者 …………………………… 川端幸夫

発行 ……………………………… 集広舎

〒812-0035 福岡県福岡市博多区中呉服町5番23号
電話 092-271-3767　FAX 092-272-2946
https://shukousha.com/

装幀・組版 ……………………… 月ヶ瀬悠次郎デザイン事務所

印刷・製本 ……………………… シナノ書籍印刷株式会社

ISBN 978-4-86735-047-8 C0031